예비하시는 하나님

예비하시는 하나님

조용기 지음

개정 1쇄 발행 2010년 5월 30일
개정 2쇄 발행 2010년 6월 16일

발행처   서울말씀사
편집인   임형근
등 록   제11-105호

서울 강서구 가양동 1487 가양테크노타운 306
Tel. 02-846-9222
Fax. 02-846-9225

※ 잘못 만들어진 책은 바꾸어 드립니다

예비하시는 하나님

조용기 지음

서울말씀사

| 예비하시는 하나님 |

머리말

인생을 살다 보면 예기치 못한 크고 작은 문제들을 만날 때가 있습니다. 그 가운데서도 가장 당황스럽고 고통스러운 때는 문제에 대한 해답을 갖지 못할 때입니다. 문제가 다가와도 거기에 대한 해답이 있으면 두려울 것이 없습니다. 그러나 도무지 해답이 보이지 않는 문제 앞에 봉착하게 될 때 우리는 하늘이 무너지는 듯한 절망감을 맛보게 됩니다.

저 역시 50여 년간의 목회생활 가운데 한 치 앞을 내다볼 수 없는 문제 앞에서 가슴이 먹먹했던 적이 한두 번이 아니었습니다. 하지만 그때마다 저를 붙들어 준 말씀이 있었습니다.

"하나님이 자기를 사랑하는 자들을 위하여 예비하신 모든 것은 눈으로 보지 못하고 귀로 듣지 못하고 사람의 마음으로 생각하지도 못하였다 함과 같으니라"(고전 2:9).

해답이 없다며 절망의 무덤을 파고 있는 인생들에게 하나님께서는 해답이 있다고 말씀하십니다. 비록 내 눈에 보이는 것 없고 내 귀에 들리는 것 없고 내 손에 잡히는 것 없고 내 앞길이 칠흑같이 캄캄해도, 하나님께서는 바로 그 어둠 속에서도 우리의 생각을 뛰어넘는 놀라운 해답을 예비하고 계신다는 것입니다. 이 말씀이 인생의 고비고비마다 저를 붙들어 주었습니다. 저의 지난 삶은 '예비하시는 하나님의 역사'였습니다. 그러므로 우리가 예비하시는 하나님을 진심으로 믿기만 한다면, 뒤로는 바로의 군대가 쫓아오고 앞에는 창일한 홍해수가 가로막고 있는 상황에 놓여 있을지라도 홍해수가 갈라지고 바다를 육지처럼 건너는 기적을 오늘날에도 체험할 것입니다. 인생의 막다른 골목에서도 길을 내시는 하나님의 역사를 체험할 것입니다.

지난 가을에 출판한 〈사랑과 축복〉에 이어 제가 우리 교회 목회자들과 함께 나눈 말씀들을 두 번째 책으로 출간하게 되었습니다. 사랑하는 성도님들과 후배 사역자들을 위해 저의 목회 경험에서 우러나온 사역 노하우와 고백들을 진솔하게 담아 보았습니다. 이 책을 통해 예비하시는 하나님의 역사를 경험하시기 바랍니다. 무엇보다 하나님의 깊은 것까지도 통달하신 성령님의 인도를 받으시기 바랍니다. 그리하여 여러분에게 예비된 약속의 땅, 축복의 땅으로 다 들어가시기를 간절히 기도합니다.

2010. 5.
여의도순복음교회
원로목사 조용기

차례
CONTENTS

머리말

1 목회자의 자세

새해를 맞는 마음 자세 ——— 13
자아 개발開發 ——— 25
하나님의 때 ——— 33
사역使役 ——— 41
율법과 신앙생활 ——— 48
하나님이 사용하시는 교회 ——— 56
예수 자랑 내 자랑 ——— 64
말하는 것과 듣는 것 ——— 72
과부와 기름 그릇 ——— 79
성령의 인도를 받자 ——— 85

2 목회자의 생활 덕목

가시가 주는 교훈 ——— 97
헌신獻身 ——— 105
자기 성찰省察 ——— 113

하나님의 선물과 성령의 관계 ——— 121
은전 두 닢 ——— 129
지도자가 되려면 ——— 134
목회생활의 기쁨 ——— 141
역경을 벗어나는 길 ——— 147
승리하며 사는 길 ——— 151
합력하여 이루는 선善 ——— 159

3 목회자의 영성

하나님의 촛대 ——— 179
영과 진리로 드리는 예배 ——— 188
영의 세계 ——— 196
어떻게 말씀을 전할 것인가? ——— 206
묵시를 받는 일 ——— 213
성령의 권능과 메시지 ——— 220
예수 그리스도의 부활 ——— 227
영에 속한 사람 ——— 234
예비하시는 하나님 ——— 243

1

목회자의 자세

새해를 맞는 마음 자세
자아 개발開發
하나님의 때
사역使役
율법과 신앙생활
하나님이 사용하시는 교회
예수 자랑 내 자랑
말하는 것과 듣는 것
과부와 기름 그릇
성령의 인도를 받자

| 예비하시는 하나님 |

새해를 맞는 마음 자세

　새해를 맞이하여 우리는 누구나 다 목표를 세웁니다. 그 목표를 두고 목회자가 복음을 증거할 때 지켜야 될 몇 가지 사항을 말씀드리고자 합니다. 이 사항들은 복음 증거뿐만 아니라 세상사(世上事) 전반에 걸쳐 작은 단위로는 가정에서부터 시작하여 큰 단위로는 회사의 운영과 정치에 이르기까지 성공을 위해서 꼭 지켜야 할 중요한 내용입니다.

첫째로, 생활을 체계화하고 조직화하여야 합니다.

자기의 생활을 조직화하지 못한 사람은 겉으로 보기에는 바쁘게 뛰는 것 같아도 실제로는 어떤 일에도 성공할 수 없는 사람입니다.

요리를 잘하는 사람은 고기를 도마 위에 올려놓고 잘라서 각각 적절한 요리를 합니다. 이와 같이 시간을 아침, 낮, 저녁으로 나누어 계획을 면밀히 세워서 빈틈없이 살아 나가야 합니다. 옛말에도 "일이 많은 사람에게 일을 부탁하라."고 했습니다. 왜냐하면 이런 사람은 자기 시간을 아주 계획적으로 분배하여 요리할 줄 알기 때문에 잠깐잠깐 생기는 자투리 시간을 이용하여 더 많은 일을 할 수 있는 것입니다.

이러므로 새해에는 아침부터 저녁까지 시간을 잘 쪼개어서 면밀한 계획을 세우시기 바랍니다. 성공하는 사람일수록 수첩에 매일매일 시간표를 짭니다. 가장 중요한 것부터 시간을 짜고 난 다음 그 외의 것들을 중요한 순서대로 넣습니다. 그리고 그 시간표대로 행해 나갈 때 아주 알차고 보람된 하루가 될 수 있는 것입니다.

둘째로, 무슨 일에나 성공을 하고 효과를 거두기 위해서는 인화 단결을 중시하여야 합니다.

사람은 사회적인 동물입니다. 가정을 예로 든다면, 남편과 아내와 자녀들이 서로 인화 단결을 해야만 가화만사성(家和萬事成)이 됩니다. 이것은 직장이나 교회도 마찬가지입니다. 직장에서는 동료 간에, 상사와 부하 직원 간에 인화 단결이 되어야 합니다. 또한 교회에서는 목회자와 구역장들, 그리고 구역장과 구역원들 간에 인화 단결이 이루어져야 합니다. 자주 화를 내고 남의 약점을 들추어 말을 옮기고, 그래서 인화 단결을 가져오지 못하면 그 사람은 이미 패배자의 인생을 살고 있는 것입니다.

과거처럼 한 사람이 위대한 기능을 발휘하며 일하던 시대는 이미 지나갔습니다. 오늘날은 팀워크(Team work)를 이루어 일하는 시대입니다. 무슨 일을 하든지 한 지도자 밑에서 팀워크를 이룰 때에 그 일이 성사(成事)됩니다. 그러므로 새해에는 가정에서는 남편과 아내와 자녀들이 팀워크를 이루고, 직장에서는 동료 간에, 상사와 부하 직원 간에 팀워크를 이루며, 교회에서는 목회자와 구역장, 구역원 전체의 팀워크가 이루어져서 마침내 모든 성도가 그리스도 예수 안에서 한 팀이 되어야겠습니다. 팀워크를 잘 이루는 사람은 언제나, 무슨 일에나 성공합니다.

미국 시카고의 한 신문에 자동차 왕 헨리 포드(Henry Ford)를 가리켜 무식하기 짝이 없는 사람이라고 쓴 사설(社說)이 실렸습니다. 이 글을 읽고 난 포드는 너무 분개하여 명예훼손죄로 그 신문사를 고소했습니다. 그리하여 신문사와 헨리 포드 사이에 법정 싸움이 벌어졌습니다.

그때 신문사에 고용된 변호사가 헨리 포드를 향해 여러 가지 질문을 하기 시작했습니다. 변호사는 포드의 무식을 법정에 모인 사람들에게 똑똑히 보여 주겠다는 듯이 정치, 경제, 사회, 교육, 문화 등 수많은 전문 지식들을 질문했고, 초등학교밖에 나오지 못한 포드는 그 질문에 땀을 뻘뻘 흘리고 있었습니다.

마침내 견디다 못한 포드가 손을 들어 변호사의 질문을 중단하고 이렇게 말했습니다. "당신이 여러 가지 복잡한 문제를 질문했는데, 나는 그런 것으로 머리를 복잡하게 할 필요가 없다. 내 사무실의 책상 앞에는 여러 가지 색깔의 단추가 있는데, 내가 전문 지식을 얻고 싶을 때는 그중에 하나만 누르면 된다. 나는 이렇게 팀워크를 구성하여 내 회사를 경영하고 기술을 개발시키고 자동차를 생산해 낸다. 그런데 이번에는 내가 당신에게 한 가지 물어보겠다. 그래서 당신이 얼마나 무식한지 보여 주겠다. 당신 자동차의 6기통 엔진이 어떻게 작동(作動)하는지 원리를 한번 설명해 보라."

포드의 이 간단한 질문에 변호사는 대답을 못했고 재판장에서는 상대적으로 포드가 무식한 사람이 아님이 판명되었습니다.

지식을 많다고 해서 지식인이 아닙니다. 그 지식을

어떻게 활용해서 문제의 해답을 가져오며 삶을 행복하게 하느냐에 따라 그 지식이 빛을 내게 되는 것입니다. 헨리 포드는 초등학교밖에 못 나왔지만 그가 인화 단결을 이루고 팀워크를 구성하였기 때문에 대성(大成)할 수 있었던 것입니다.

목회도 그렇습니다. 목회자가 아무리 설교를 잘하고 기도를 잘하고 능력이 있어도 그것만 가지고는 일을 성사시킬 수가 없습니다. 팀워크가 되지 않는 유능함은 그 진가를 다 발휘 할 수 없습니다.

그러므로 높은 지위에 있는 사람들은 이해력과 통찰력으로 밑에 있는 부하들을 다스려야 하고, 밑에 있는 사람들은 권위에 대한 절대적인 존경심으로 상급자에게 순종해야 합니다. 성경에 기록하기를, "각 사람은 위에 있는 권세들에게 복종하라 권세는 하나님으로부터 나지 않음이 없나니 모든 권세는 다 하나님께서 정하신 바라 그러므로 권세를 거스르는 자는 하나님의 명을 거스름이니 거스르는 자들은 심판을 자취하리라"(롬 13:1-

2)고 했습니다. 그러므로 위에 있는 사람들은 아랫사람들의 발을 씻어 주고 아랫사람들은 윗사람들의 권세를 인정하고 존경하는 가운데 강력한 팀워크가 구성될 때, 그 사회나 단체는 항상 성공할 수 있는 것입니다.

셋째로, 모든 일은 신념(信念)을 가지고 행하여야 합니다.

신념 없이 말을 앞세워 말만 가지고 모든 일을 이루려는 행동은 아무 소용이 없습니다. 신념을 가지고 임할 때 일의 성과를 얻을 수 있습니다.

우리가 신념을 가지기 위해서는 분명히 믿는 바에 대한 목표가 있어야 합니다. 그리고 그 목표에 대한 열화(烈火) 같은 소망이 있어야 합니다. 그러나 신념이 있다고 해서 그냥 엎드려 기도만 한다고 이루어지는 것은 아닙니다. 끊임없는 자기 개발이 뒤따라야 합니다.

그러므로 오늘부터라도 뜨거운 열의를 가지고 끊임없이 말씀을 읽고 공부하고 자기를 개발하는 가운데 매일매일 신념이 자라도록 하십시오. 신념이 자라지 않으면 아무 일도 되지 않습니다.

넷째로, 무슨 일을 계획하든지 조급히 하지 마십시오. 조급하게 서두르면 악마의 발톱에 걸리기 쉽습니다.

일을 계획할 때는 십 년 앞을 내다보고 해야 됩니다. 사람들은 흔히 일확천금(一攫千金)을 생각하는데, 그것은 탐욕입니다.

오늘날 우리 주위에 신학교를 갓 졸업하고 교회를 개척한 사람 중에는 일시에 여의도순복음교회 같은 교회를 만들려고 하는 사람들이 있습니다. 그래서 신학교를 졸업하고 1년도 되지 않아 은행 빚을 내어 몇억짜리 교회를 지었다느니 큰 교회를 지었다느니 하는데, 얼마 있지 않아 빚더미에 올라앉고 소송에 시달리다가 교단을 탈퇴하는 일도 벌어집니다.

하늘나라는 조급히 서둔다고 해서 이루어지지 않습

니다. 예수님도 제자들을 길러 내는 데 3년 이상 보내셨습니다. 하물며 신학교를 졸업하고 나서 1, 2년 사이에 큰 교회가 이루어질 수 있습니까? 여의도순복음교회는 천막 교회의 가마니 위에서 시작하여 오늘에 이르기까지 긴 세월에 걸쳐 성장하여 이루어졌습니다.

우리가 무슨 일을 하던지 조급하게 하면 그곳에는 마귀가 틈타기 시작한다는 사실을 알아야 합니다. 조급히 서두는 사람일수록 요행(僥倖)을 바라는데, 하늘나라에는 요행이 있지 않습니다. 신념을 가지고 성실하게 하나님의 뜻을 따라서 일해야 되는 것입니다.

다섯째로, 결단력이 있어야 합니다.

오늘날과 같이 복잡한 사회일수록 결단성이 없으면 아무 일도 이룰 수가 없습니다. 지금부터라도 결단성 있는 행동을 할 수 있도록 자기를 개발시켜야 합니다.

우선 최선을 다해서 내가 당면한 문제를 연구하고 생각한 후에 다시 동료들과 모여서 브레인 스토밍(Brain

Storming)을 하고 그중에 좋은 아이디어와 의견을 종합하여 전문가의 의견을 듣고 난 다음, 그것을 놓고 기도하고 영혼 속에서 들려오는 음성에 따라 결단을 내려야 합니다.

결단을 내린 다음에는 곧 전력투구(全力投球)하여야 합니다. 이 세상은 경쟁 사회이기 때문에 남보다 한 발짝이라도 앞서야 승리하지 그렇지 않으면 뒤로 밀려나게 됩니다. 전력투구함이 없이 적당히 해서 운(運) 좋게 남보다 앞서겠다는 생각은 잘못된 것입니다.

계속해서 자기를 개발하고 하나님 앞에 몸부림치고 연구하는, 그런 전력투구 없이는 성공이나 승리를 꿈도 꾸지 말아야 됩니다. 성공에는 언제나 이기겠다는 피나는 각오와 용기와 희생의 대가가 따르게 마련입니다.

그러므로 누구보다도 공부를 많이 하십시오. 많이 노력하십시오. 단호한 결단력을 기르십시오. 그리고 혼신(渾身)을 다하여 전력투구하십시오.

여섯째로, 절대로 자만심을 가져서는 안 됩니다. '이만하면 됐다.'라고 생각하는 순간 발전은 끝나고 맙니다.

인생이란 마치 가파른 고갯길과 같아서 전진하지 않고 가만히 서 있으면 뒤로 미끄러져 내려갑니다. 그러므로 끊임없이 주님 오실 때까지 밀고 올라가야 합니다. 경쟁 사회에서는 승리자만 기억될 뿐, 패배자는 아무에게도 기억되지 않습니다. 이 세상은 승리자의 편에 서지, 패배자의 편에 서지 않습니다.

하나님도 승리자의 편에 서십니다. 성경에는 이와 같이 기록되어 있습니다.

"이기는 그에게는 내가 내 보좌에 함께 앉게 하여 주기를 내가 이기고 아버지 보좌에 함께 앉은 것과 같이 하리라"(계 3:21).

이러므로 우리는 과거에 이룩해 놓은 것은 완전히 잊어버리고 매일매일 새로운 고지를 향해서 전진하는 겸허한 자세를 가져야 합니다.

주를 믿고 하나님의 부르심을 받은 사람들은 뒤로

물러가면 안 됩니다. 하나님께서는 뒤로 물러가는 것을 싫어하십니다.

"손에 쟁기를 잡고 뒤를 돌아보는 자는 하나님의 나라에 합당하지 아니하리라"(눅 9:62).

"나의 의인은 믿음으로 말미암아 살리라 또한 뒤로 물러가면 내 마음이 그를 기뻐하지 아니하리라"(히 10:38).

우리가 목표를 정하고 출발하였으면 '불가능'이란 생각과 말을 뿌리째 뽑아 버려야 합니다. 죽더라도 가다가 죽어야 합니다. 뒤를 돌아보면 안 됩니다. 언제나 긍정적이고 적극적이고 창조적이고 생산적이고 건설적이고 진취적인 마음 자세를 가지고, 어떠한 일에 부딪치더라도 '안 된다, 할 수 없다'는 말을 하지 말고 '할 수 있다'는 신념 아래 기도하고 노력하며 나아가야 할 것입니다.

특별히 다가오는 새해에는 오늘 말씀드린 여섯 가지 사항을 우리 마음속에 깊이 명심하고 나아가야겠습니다.

자아 개발 開發

평신도들도 그렇지만 특히 목회자는 자기 인격 개발에 힘써야 합니다. 사람은 태어날 때부터 성자로 태어나는 것이 아니기 때문에 후천적으로 끊임없이 자기 개발을 해야 합니다. 그리고 어떻게 해야 자신을 개발할 수 있는지 그 문제에 대해 깊은 관심을 가지고 훈련을 쌓아야 합니다.

언제나 마음의 생각이 그 사람의 삶으로 나타납니다. 그러므로 생각을 개발시키지 않으면 사람이 변화를 받을 수 없습니다. 그럼 우리는 어떻게 자기 개발을 해야 할까요? 자기 개발을 하기 위해서는 먼저 우리의 정신 구조를 잘 알아야 합니다.

사람의 정신은 '현재(顯在)의식'과 '잠재의식'으로 구성되어 있습니다. 북극이나 남극에서 물 위에 떠 있는 빙산만 보고 그 크기를 짐작하다가는 큰 낭패를 당하게 됩니다. 원래 빙산의 90%는 물 속에 있고 10%만 물 위에 노출되어 있기 때문입니다.

눈으로 보고, 귀로 듣고, 입으로 말하는 감각을 통해서 아는 현재의식은 전체의식의 10%밖에 안 되고 나머지 90%는 잠재의식입니다. 이와 같이 일상생활에서 현재의식으로 움직이는 것은 극히 적은 부분이고 대부분은 현재의식에서 받는 인상을 가지고 잠재의식 속에서 움직입니다. 그러므로 자아를 개발하려면 잠재의식을 개발해야 합니다. 잠재의식은 심상(心像)과 암시(暗示)라는 두 가지 방법에 의해 변화됩니다. 그렇기 때문에 하나님께서는 사람의 잠재의식을 변화시킬 때에는 언제나 그림을 그리게 하셨으며 하나님의 긍정적인 말씀으로 변화를 주셨던 것입니다.

목회자들은 많은 사람들을 만나고 대화를 많이 나누기 때문에 대인 관계가 참으로 중요합니다. 원만한 대인 관계를 가지려면 먼저 나 자신이 변화되어야 합니다.

대부분의 사람들은 자신도 모르는 사이에 열등의식과 좌절감 같은 심리적인 고질병을 앓고 있습니다. 그렇기 때문에 높은 사람을 만나거나 대중 앞에 서면 잠재의식대로 행동하게 됩니다. 활기가 없고, 자기 의사도 제대로 밝히지 못하며, 몸의 자세도 똑바로 갖지 못합니다. 이러한 태도를 고치려면 잠재의식 속에 있는 열등의식, 좌절감, 불안, 공포와 같은 것들을 없애야 합니다. 그러하기 위해서는 현재의식 속에 밝은 이미지(Image)를 가져야 합니다. 다시 말하면 대중 앞에서 조금도 구김살 없는 자신, 모든 사람늘이 환영하는 자신을 마음속에 그리고 그 그림에 집중하는 시간을 가져야 합니다. 그 시간은 10분도 좋고 5분이라도 좋습니다. 이와 같이 하여 현재 의식 속에 변화된 이미지가 그려지면 이 그림은 곧장 잠재의식 속에 흡수됩니다. 왜냐하면 잠재의식은 현재의식을 마치 해면이 물을 흡수하듯 그대로 빨아들이기 때문입니다.

그다음에는 소리 내어 긍정적인 말을 해야 됩니다. 입으로 시인하는 것은 자기 암시입니다. "나는 사람들에게서 환영을 받고 있다.", "나는 사랑받는 사람이다."라고 시인하면 잠재의식은 현재의식이 보낸 메시지를 그대로 다 받아들입니다. 이렇게 되면 잠재의식은 눈동자와 음성조차도 사랑받는 모습으로 바뀌게 합니다. 그 결과 모든 사람에게서 환영을 받고 매사에 자신을 갖게 되는 것입니다. 그러므로 원만한 대인 관계를 가지려면 심상과 암시를 통하여 먼저 자신을 변화시켜야 되는 것입니다.

그 후에는 내가 만날 사람에 대한 나 자신의 태도를 변화시켜야 합니다. 사람들은 곧잘 선입관으로 인해 사람을 잘못 판단합니다.

예를 들어, 호랑이라고 불리는 박 노인을 전도하러 갔다고 합시다. 그 노인이 목회자에게 실제로 호랑이같이 대하진 않았지만, 소문으로 갖게 된 선입관 때문에 박 노인에게 갈 때에 무의식적으로 싸울 태세를 갖춥니다. 그러면 박 노인은 방 안에 들어서는 목회자의 얼굴에서 심상치 않은 기세를 느끼고 그야말로 호랑이같이 대하는 것입니다.

그러므로 전도하러 가거나 대화를 나누려고 할 때에는 상대방에 대하여 자신이 그릴 수 있는 가장 좋은 인상을 마음속에 그려야 합니다. 현재의식 속에 자기가 만날 상대방이 겉으로는 호랑이 같을지 모르지만 실상은 양같이 온순한 사람이라는 그림을 그려야 합니다. 마음속에 상대방을 두려움과 공포의 대상으로 그리지 말고 선하고 아름다운 모습으로 그려야 합니다. 그다음에는 자신에게 이렇게 말해야 합니다. "그 사람이 까다로운 사람 같지만 사실은 그렇지 않다."

이와 같이 하여 상대방에 대한 나의 잠재의식이 변

화되면 이 잠재의식이 상대방으로 하여금 변화를 가져오는 힘을 발하게 합니다. '저 사람을 만나면 괜히 기분이 좋아. 저런 사람과 이야기를 나누어 보았으면.' 이와 같이 상대방의 생각과 태도가 변화되는 것입니다.

다른 사람을 지도하는 사람이 되고 싶은 사람은 무엇보다도 먼저 자기의 내적 세계를 개발시켜야 합니다. 내가 변화되면 남도 변화시킬 수 있지만 나는 변화하지 않은 채 남을 변화시키려고 하는 것은 어리석은 짓입니다. 거울을 향하여 내가 웃으면 거울 속의 나도 웃고, 내가 고함치면 거울 속의 나도 고함칩니다. 이와 마찬가지로 내 속에서 나간 파장이 다른 사람에게 부딪쳐 산울림이 되어 되돌아오는 것입니다.

저는 강단에서 설교를 할 때에 미리 계획을 세웁니다. 이러이러한 말을 해서 이러이러한 효과를 거두리라는 계산을 합니다. 목회자들이 성경을 읽고 몇 가지 계시를 받았다고 해서 그것만 가지고 설교를 하는데 그렇게 해서는 실패하고 맙니다. 저는 설교를 할 때 현재의식에 변화를 주기 위한 설교를 합니다. 성도들은 무의식적으로 저의 설교를 듣고 있지만 나중에 큰 변화를 받습니다. 왜냐하면 성도들이 저의 설교를 들으면서 마음에 그림을 그리게 되기 때문입니다. 또한 저는 설교를 마친 후 꼭 통성기도를 인도하는데 이것은 마음에 그린 그림을 입으로 시인하는 과정입니다. 그러므로 성도들은 심상과 시인으로 현재의식이 변화되고 결과적으로 잠재의식이 변화되는 것입니다. 또 저는 설교를 할 때 잠재의식을 향하여 곧장 믿음을 넣어 주기도 합니다.

강단에서 메시지를 전하는 것은 성도들에게 교훈을 주기 위함이 아닙니다. 성도들에게 하나님의 말씀으로 인격적인 변화를 가져오게 하기 위함입니다. 사람 속에 변화가 오면 그 사람에게서 변화된 능력이 나가 그의 생애와 환경에 기적이 나타나게 되는 것입니다.

설교는 서론, 본론, 결론으로 구분 지어 분명한 그림을 그릴 수 있게 해야 합니다. 어떤 설교를 들으면 도대

체 무슨 말을 하는지 이해가 안 되는 때가 있습니다. 이러한 설교는 실패한 것입니다. 단순한 설교를 하더라도 서론, 본론, 결론으로 구분 지어 설교함으로써 성도들의 마음속에 분명한 그림을 그릴 수 있게 해야 합니다. 그렇게 하기 위해서 먼저 설교자가 자기의 생각을 선명하게 하는 훈련을 쌓아야 합니다.

성도들의 마음속에 그림을 그리게 한 후에는 꼭 통성기도를 시키십시오. 통성기도는 마음속에 그린 그림을 입으로 시인하는 것이기 때문에 영적으로 깊은 변화가 다가와 기적이 나타나는 것입니다.

하나님의 때

　우리는 흔히 하나님의 뜻만 있으면, 그리고 우리의 열심만 있으면 무슨 일이든지 다 이루어질 수 있다고 생각합니다. 그러나 결코 그렇지 않습니다.

　하나님은 당신의 뜻과 우리의 열심을 '시간'이라는 그릇에 담아 가지고 비로소 그의 사업을 성취하십니다. 그러므로 때를 잘 알지 못하고, 때를 잘 이용하지 못하는 사람은 아무리 하나님의 뜻을 알고 그 위에 인간적인 열심을 다해도 성과가 미미하게 됩니다.

전도서 3장을 보면, 범사에 기한이 있고 모든 목적이 이룰 때가 있다고 기록되어 있습니다. 또한 하나님께서는 모든 것을 지으시되 때를 따라 아름답게 하신다고 했습니다.

하나님의 시간 안에서 보면 그리스도의 태어나심과 죽으심은 오랜 옛날부터 이미 정해져 있었습니다. 예수님이 나실 장소도 이미 정해져 있었습니다. 그래서 예수님께서는 하나님의 시계에 맞추어서 그의 일을 하셨습니다.

예를 들어 물로 포도주를 만드는 단순한 일도 예수님은 하나님의 때를 기다려서 행하셨습니다. 가나의 혼인 잔치에서 포도주가 떨어지자 딱한 처지를 보다 못한 어머니가 예수님께 기적을 청했을 때 예수님은 "내 때가 아직 이르지 아니하였나이다"(요 2:4) 하고 때를 기다리셨습니다. 그 후 예수님께서 하인들에게 다시 명령을 내리실 때까지는 불과 얼마 되지 않는 시간이었습니다. 그럼에도 불구하고 예수님은 분초(分秒)를 다투어서 때를 기다리고 하나님의 때가 되어야 일을 하셨습니다.

또 한번은 초막절(草幕節)에 예수님께서 갈릴리에 계신 것을 보고 예수님의 형제들이 이렇게 말했습니다.

"당신이 행하는 일을 제자들도 보게 여기를 떠나 유대로 가소서 스스로 나타나기를 구하면서 묻혀서 일하는 사람이 없나니 이 일을 행하려 하거든 자신을 세상에 나타내소서"(요 7:3-4).

그때 예수님께서 이렇게 대답하셨습니다.

"내 때는 아직 이르지 아니하였거니와 너희 때는 늘 준비되어 있느니라……너희는 명절에 올라가라 내 때가 아직 차지 못하였으니 나는 이 명절에 아직 올라가지 아니하노라"(요 7:6, 8).

예수님은 이곳에서 저곳으로 옮겨 다니시는 것도 모두 하나님의 시계에 맞추어서 하셨습니다. 요한복음을 읽어 보면 사람들이 예수님을 잡으려 하나 때가 이르지 아니함으로 사람들이 잡지 못하였다고 여러 차례 기록되어 있습니다. 그러나 하나님께서 정하신 때가 되자 예수님께서는 "아버지여 때가 이르렀사오니 아들을 영화롭게 하사 아들로 아버지를 영화롭게 하게 하옵소서"(요 17:1)라고 하셨습니다. 자신의 마지막 때가 온 것을 시인하시고 십자가의 죽음을 받아들이셨던 것입니다.

성경을 보면 바울 사도가 때를 분간치 못하다가 실패하고 고생한 기록이 있습니다(행 16:6-10). 바울은 하나님의 복음을 전하기 위해 아시아로 건너갈 계획을 세웠습니다. 그 목적은 하나님의 복음을 전하는 것이므로 잘못되지 않았습니다. 그럼에도 불구하고 성령께서 바울의 아시아 여행을 허락하지 않으셨습니다.

왜 이와 같은 일이 일어났을까요? 그것은 바울이 하나님의 정한 때보다 2천 년이나 앞서서 아시아에 복음을 전하려 하였기 때문입니다. 그러나 이제는 하나님께서 정하신 아시아 복음 전도의 때가 되어 아시아 곳곳에 복음의 햇불이 높이 타오르고 있는 것입니다.

이와 같이 목회생활에 있어서도 우리가 하나님의 뜻

만 안다고 해서 성공하는 것은 아닙니다. 하나님의 뜻을 분명히 알았으면 하나님의 때를 기다려야 합니다. 설교도 때와 일치되어야 하고 심방도 때와 일치되어야 합니다.

제가 불광동 천막 교회에서 처음 목회를 시작했을 때 주님께서 제게 자꾸 "지금은 훈련기간이다. 성공하려 하지 말고 열심히 훈련을 받으라."고 말씀하셨습니다. 그다음 서대문에 나왔을 때 주님께서 다시 말씀하시기를 "이제는 준비기이다. 공부 많이 하고 목회 경험 풍부하게 쌓고 남과 경쟁하여 앞서려 하지 말고 꼭 엎드려 기도하고 준비하라."고 하셨습니다. 그리고 우리 교회를 여의도에 옮기신 다음에는 "이제는 발전기이다. 자꾸 발전을 시켜라." 하고 말씀하셨습니다. 그래서 우리 교회는 때에 맞추어 선교센터도 짓고, 교육관도 짓고, 해외에 선교사도 파송하였습니다.

한 교회가 성장하기 위해서는 때를 잘 분별하여야 합니다. 목회자가 성공적인 목회를 하기 위해서도 때를 잘 타야 합니다.

오늘날 우리 한국은 중흥기에 도달하였습니다. 우리가 이때의 중요성을 잘 알고 모두 다 힘을 합해 일하는 한편 절대적인 정치적 안정을 가져와야 합니다. 하나님께서 이 나라에 경제적 중흥기를 주시어 마지막에 온 세계를 복음화시키는 그릇으로 사용하실 것입니다.

지금 북한은 쇠퇴기에 들어갔습니다. 그들이 때를 포착하지 못하게 눈을 가리우셨습니다. 지금 그들이 아무리 절치부심(切齒腐心)하여 기회를 노려도 이미 그들은 때를 얻지 못하였으므로 이제 쇠퇴하여 사라질 날이 멀지 않았습니다.

삼라만상 자연 만물을 보십시오. 잎이 필 때가 있고 질 때가 있으며, 낮과 밤이 분명하고, 만조(滿潮)와 간조(干潮)가 있습니다.

이와 같이 하나님께 기도하는 것도 때가 있습니다. 그때에는 특별히 성령께서 기도를 이끌어 주십니다. 그래서 바울 사도는 에베소서 6장 18절에 "모든 기도와 간구를 하되 항상 성령 안에서 기도하고"라고 하였는데, 이는 성령께서 마음속에 임해서 특별히 기도시킬 때를 포착하라는 뜻입니다. 그때 기도하면 기도의 깊은 경지로 들어갈 수 있습니다. 그러나 성령께서 이끌어 주시지 않을 때는 혼자 아무리 메마른 소리로 고함쳐 보아도 힘만 들지 기도는 진전이 없습니다. 때를 못 잡았기 때문입니다.

금식기도를 할 때도 마찬가지입니다. 억지로 금식기도를 하면 힘들고 고통스럽고 원망과 불평이 오고 몸이 아플 정도로 괴롭습니다. 그러나 하나님께서 시키시는 때에 맞추어 금식 은사를 받고 시작하면 영육이 평안하고 즐겁습니다.

심방도 마찬가지입니다. 목회자들이 규칙적으로 성도들의 가정을 심방하다가도 불시(不時)에 성령께서 심방을 시키실 때가 있습니다. 이때는 성령께서 마음을 동(動)하셔서 그 집에 가지 않고는 견딜 수 없게 하십니다. 그때는 곧바로 그 집에 심방을 가야 합니다. 그리고 이런 때에 하나님의 기적이 일어날 수 있습니다. 하나님은 무슨 일을 하시든지 때를 맞추어서 하시기 때문입니다.

성경에 3만 2천5백 가지의 약속의 말씀이 있지만 그것들이 이룰 때와 기한은 하나님께 있습니다. 그러므로 그 약속의 때를 얻기 위하여 항상 깨어 기다려야 하는 것입니다.

그러면 어떻게 하나님의 때를 분별할 수 있을까요? 그것은 베데스다의 연못이 동(動)하듯이 기도할 때 마음이 동하면 곧 하나님의 때가 임한 줄로 알면 됩니다. 마음이 동하지 않을 때는 어떤 일도 시작해서는 안 됩니다. 아무리 좋은 일이라도 시작하지 마십시오. 그러나 하나님의 때가 오면 마음이 동하고 성령의 음성이 마음에 들려옵니다. 그때 시작하고 진행해야 합니다.

때를 분별할 수 있는 지혜, 그것은 항상 드리는 기도 속에서 얻을 수 있습니다. 이 지혜만 있으면 우리의 생애와 교회에 기필코 하나님의 놀라운 역사가 이루어질 것입니다.

사역 使役

하나님께서는 인간을 창조하실 때 정신적으로나 육체적으로나 목표를 세우고 그 목표를 향하여 나아가게 지으셨습니다. 창세기 1장 28절을 보면, "땅을 정복하라"는 말씀이 있습니다. 땅을 정복하자면 목표를 세우고 끊임없이 일을 하여야만 합니다. 가만히 앉아 있는데 땅이 정복되는 것은 아닙니다. 노력하고 애씀이 있어야 땅이 정복되는 것입니다. 그리고 주님께서는 "땅을 다스리라"고 하셨습니다. 다스림이라는 것은 질서를 부여하는 것을 말합니다. 다스리는 사람이 앞뒤를 바꾸고 무질서하게 한다면 다스린다는 말을 할 수 없습니다. 하나님께서는 끊임없이 목표를 향해 전진하고 정복한 것에는 질서를 부여하고 조직화하여 책임지고 다스리게 인간을 창조하신 것입니다.

오늘날 심리학에서는 목표를 설정하고 목표를 향해 전진하는 것이 '인간 심리의 근본적인 구성 요소이며, 인간이 앞으로 나가지 않고 정지한다면 정신적으로 부패하고 이것이 육체를 좀먹게 되어 생활까지 파괴시킨다.'는 학설을 발표하고 있습니다.

사람은 목표를 세우고 정복하고 질서를 확립하면서 살아갈 때 삶의 참가치를 느끼며 살 수 있는 것입니다.

어떤 사람이 40대에 크게 성공하여 남은 생애에 일을 하지 않아도 될 만큼 돈을 벌었습니다. 그러자 이 사람은 편안하게 살겠다는 생각을 가지고 은퇴를 하였습니다. 그는 바닷가에 별장을 지어 놓고 낚싯대를 드리우는 것으로 소일하였습니다. 그런데 얼마 지나지 아니하여 눈에 띄게 노쇠하더니 50세가 못 되어 사망하고 말았다고 합니다.

목표를 추구하도록 만들어진 인간이 일을 그치면 심리학자들이 말한 것과 같이 '이제는 모든 것이 끝이 났다.'는 생각을 가지게 되어 심리적으로 와해되고, 이것이 심장병, 위장병, 고혈압 같은 병을 유발시키는 것입니다. 이러므로 인간은 죽는 순간까지 목표를 추구하고 뛰어야 합니다.

미국의 소설가 시어도어 드라이저(Theodore Dreiser)의 대표작 「아메리카의 비극」은 '젊은이의 양지'라는 영화로 우리나라에도 잘 알려진 작품입니다. 이 작품은 현대 물질 문명 사회의 어두운 면을 잘 묘사하고 있습니다.

이 작품의 주인공인 가난한 시골 청년 클라이드는 성공의 꿈을 품고 도시로 올라와 큰아버지의 공장에서 일자리를 얻습니다. 그곳에서 그는 한 여공과 사귀다가 큰아버지의 후광으로 부호의 딸과 가까워집니다. 이때 여공으로부터 임신한 사실을 듣게 되자, 주인공 청년은 그 여공을 산중의 호수로 꾀어냅니다. 그는 여공을 처치하려는 살의는 있었지만 차마 실행에 옮기지는 못했는데, 그만 그들이 타고 있는 보트가 뒤집혀 여공은 익사하고 그만 살아납니다. 이 일로 그는 체포되어 재판을 받고 결국 사형을 받습니다.

왜 주인공 청년은 부자가 되고자 하는 헛된 꿈에 집착했을까요? 그것은 부자가 되면 일하지 않고 편하게 지낼 수 있다고 생각했기 때문입니다. 그러나 그 헛된 꿈은 그를 파멸에 이르게 했습니다.

사람들은 일하는 것이 얼마나 큰 축복이요, 행복인지를 모릅니다. 그래서 일하지 않고 편히 놀고먹기를 원합니다. 그러나 일하지 않고 놀고먹는 생활은 불행의 시작이 될 수 있습니다.

옛날 농경 사회에서는 이러한 일이 없었습니다. 들에 가면 들에서 일할 수 있었고, 밭에 가면 밭에서 일할 수 있었습니다. 어디서든지 일할 수 있었습니다. 그러나 산업화 사회는 그렇지 않습니다. 본의 아니게 일찍

갑치 은퇴를 하고 일할 곳이 없어 정신적, 육체적으로 파탄하는 불행에 이르게 되는 것입니다.

그러나 오늘날 주의 사업을 하는 사람에게는 은퇴가 있을 수 없습니다. 주의 사업을 하는 데 있어서는 나이가 많고 적음을 따지지 않습니다. 나이와 상관 없이 예수 그리스도의 복음을 들고 나가 전도하는 길이 열려 있습니다. 이러므로 하나님의 사업이야말로 가장 좋은 것입니다.

목표를 세워서 정복하고 다스리는 일이 계속되지 아니하면 인간은 영적으로, 심리적으로, 육체적으로 파멸되고 맙니다. 그렇기 때문에 행복과 기쁨이 없습니다. 이것을 모르고 어떤 목회자들은 아침이면 교회에 출근하여 예배를 드린 다음 교인들의 가정을 심방하고 저녁이 되면 집으로 돌아가는 생활을 다람쥐 쳇바퀴 도는 생활이라 생각할지 모르지만, 세상의 모든 생활이 똑같습니다.

40대의 직장인이 저에게 이런 신앙 상담을 하였습

니다.

"목사님, 아침이면 직장에 출근하여 매일 하던 일을 하고, 저녁이 되면 집에 돌아와서 잠자고, 다음 날 아침에 또 출근하고, 이렇게 똑같은 나날이 반복되니까 이제는 지쳤습니다. 이러한 생활에서 탈피할 수는 없을까요?"

산업화 사회에 살고 있는 사람은 비인간화 시대에 살고 있습니다. 인간을 인격적으로 대해 주기보다는 하나의 상품으로, 일하는 기계로 취급합니다.

이처럼 삭막하고 막다른 골목에 처한 사람들에게 어떻게 해야 삶의 진로(進路)를 열어 줄 수 있을까요? 예수 그리스도의 복음을 전해 주는 길밖에 없습니다. 인간의 가치와 존엄성을 인정해 주는 예수 그리스도의 복음을 이러한 사람들에게 전해 주어서 그리스도 안에서 참삶을 영위하도록 해야 하는 것입니다. 절망에 처하고 낙심하고 지치고 피곤한 사람들에게 희망을 주고 참된 안식과 평안을 얻게 함으로써 숨 쉴 수 있는 활로(活路)를 열어 주어야 하는 것입니다.

 이러므로 우리는 단지 종교를 전도하고 기독교를 증거하는 것이 아니라, 사람들에게 살길을 열어 주는 치료자입니다. 여러분께서는 하나님께로부터 부여받은 이 특권을 소중하게 생각하고 주께서 맡기신 사역(事役)을 진심으로 이해하여야 할 것입니다.

율법과 신앙생활

　예수 그리스도를 믿음으로 말미암아 하나님 앞에 죄 없다는 인정을 받고 올바르게 설 수 있는 자격을 얻으며 의롭다 함을 얻는다는 것은 우리가 잘 아는 사실입니다. 그러나 예수 그리스도를 믿음으로 말미암아 구원을 얻었으니 율법은 필요 없는 것이므로 철폐하자는 것은 성경을 잘 이해하지 못한 소치(所致)입니다. 왜냐하면 하나님께서 우리 인간에게 주신 성경 말씀 중에는 필요하지 않은 말씀이 없기 때문입니다.

하나님께서 구약 4천 년을 다스리시고 예수 그리스도의 은혜의 복음이 나타나도록 하기 위하여 율법을 주셨지만, 신약 시대라고 해서 율법이 우리의 생활에서 무용지물(無用之物)이 된 것은 아닙니다. 그러면 왜 오늘날과 같은 신약 시대, 즉 은혜의 시대에도 율법이 필요할까요?

첫째로, 율법은 정치, 사회적으로 안녕과 질서를 위해 필요합니다.

한 나라를 다스리고 사회 질서를 유지하려면 법이 필요합니다. 만약 법이 없다면 사회는 무서운 혼돈 속으로 빠져 들어가고 말 것입니다. 왜냐하면 사회에는 성자(聖者)들만 살지 않기 때문입니다.

이 사회에는 하나님 앞에서 완전히 타락하고 공중 권세를 잡은 악(惡)의 영(靈)들에게 잡혀 육신의 정욕과 안목의 정욕, 이생의 자랑을 좇아 사는 사람들로 가득 차 있습니다. 이러한 사회에 법이 없다면 약육강식(弱肉

強食)의 정글이 되고 말 것입니다. 나라와 사회에 법이 있어야 질서가 유지되고 공중생활을 하며 발전할 수 있습니다. 그래서 바울 선생도 "각 사람은 위에 있는 권세들에게 복종하라 권세는 하나님으로부터 나지 않음이 없나니 모든 권세는 다 하나님께서 정하신 바라 그러므로 권세를 거스르는 자는 하나님의 명을 거스름이니 거스르는 자들은 심판을 자취하리라"(롬 13:1-2)라고 말한 것입니다.

오늘날 사회가 불안전한 상황이라 할지라도 그 나라를 다스리는 정치적 권력자는 위에서 옵니다. 그것이 공산주의 나라이든 자유 진영의 나라이든 간에 권력은 위에서 준 것입니다. 하나님은 사회의 질서와 안녕을 위해 권력을 주셨습니다.

그러면 법 아래 사는 우리는 어떠한 삶의 태도를 취하여야 할까요? 성경은 이에 대해 "모든 자에게 줄 것을 주되 조세를 받을 자에게 조세를 바치고 관세를 받을 자에게 관세를 바치고 두려워할 자를 두려워하며 존경할 자를 존경하라"(롬 13:7)고 말씀했습니다.

어떤 사람들은 권력에 순종해야 한다는 말에 "히틀러와 스탈린 같이 교회를 핍박하는 권력에도 순종해야 합니까?"라고 질문할 수도 있습니다. 성경을 따르면 권력이 하나님으로부터 났기 때문에 권력에 순종해야 하지만, 그렇다고 하여 하나님의 권력을 무시하고 반역하는 권력에까지 순종해야 하는 것은 아닙니다. 지도자가 하나님을 알든 모르든 간에 사회에 안녕과 질서를 부여하고 하나님 섬기는 것을 방해하지 않을 때는 그 지도자를 위해 기도하고 국세와 공세를 바치며 순종해야 합니다. 이러므로 법은 정치, 사회적인 안녕과 질서를 위해 필요한 것입니다.

이와 같은 이유로 교회에도 율법이 필요합니다. 교회도 하나의 사회 집단이라고 할 수 있습니다. 당회에는 당회의 법이, 제직회에는 제직회의 법이 있습니다. 교회는 교회대로 다스리는 법이 있습니다. 그렇기 때문에 율법을 철폐해도 된다는 사람은 율법을 잘못 이해한 것입니다.

둘째로, 율법은 주님을 잘 섬기는 사람을 위해 필요한 것이 아니라 주님을 반역하는 사람들에게 필요합니다.

성경을 보면, "그러나 율법은 사람이 그것을 적법하게만 쓰면 선한 것임을 우리는 아노라 알 것은 이것이니 율법은 옳은 사람을 위하여 세운 것이 아니요 오직 불법한 자와 복종하지 아니하는 자와 경건하지 아니한 자와 죄인과 거룩하지 아니한 자와 망령된 자와 아버지를 죽이는 자와 어머니를 죽이는 자와 살인하는 자며 음행하는 자와 남색하는 자와 인신매매를 하는 자와 거짓말하는 자와 거짓 맹세 하는 자와 기타 바른 교훈을 거스르는 자를 위함이니"(딤전 1:8-10)라고 말씀하고 있습니다.

사나운 짐승이 우리에서 나와 사람을 해치는 것을 막는 쇠창살처럼, 대중을 사납고 폭력적인 사람들로부터 보호하여 안심하고 살 수 있도록 하기 위한 하나의 제재가 바로 율법입니다.

　　셋째로, 율법은 교육적인 목적에서 필요합니다.

　율법이 없으면 신앙생활을 하는 우리에게 교육적인 규범이 없게 됩니다. 하나님께서 율법을 주신 까닭은 교육적인 지표를 제시하기 위한 것입니다. 율법을 우리에게 주셔서 경계하는 목적에 대해 바울은 이렇게 말했습니다.

　"이 교훈의 목적은 청결한 마음과 선한 양심과 거짓이 없는 믿음에서 나오는 사랑이거늘"(딤전 1:5).

　우리가 자신의 모습을 비추어 보려면 거울이 필요합니다. 거울을 보면 얼굴이 깨끗한지, 옷차림이 단정한지를 한눈에 볼 수 있습니다.

　이와 같이 신앙생활을 하는 우리도 자신의 모습을 살펴볼 수 있는 거울이 필요합니다. 이 거울이 바로 율법입니다. '율법'이란 거울에 비추어 보면 우리의 행위가 옳은 것인지 아닌지를 알 수 있습니다. 그러므로 율법은 주님을 닮아 가려고 하는 사람에게는 교육적인 안내서가 됩니다.

율법은 선한 사람에게는 더 선하게 될 수 있는 규범을 보여 주며, 악한 자에게는 만일 악한 행위를 계속한다면 멸망하게 된다는 경고를 해 줌으로 그 길에서 돌이켜 하나님을 섬길 수 있게 합니다.

넷째로, 율법은 생명의 도를 보여 주기 때문에 필요합니다.

하나님께서 우리에게 율법을 주신 것은 우리를 죽이기 위함이 아니라 법을 지킴으로 생명을 얻게 하기 위함입니다.

율법을 어긴 대가는 죽음이므로 생명의 도를 따라가려고 하여도 육신이 연약하여서 따라가지 못하는 우리를 대신하여 예수님께서 십자가 고난을 받으시고 피를 흘려 주셨습니다. 이로 말미암아 우리의 모든 죄가 용서되고 우리 속에 성령이 임하셔서 생명의 도(道)로 걸어갈 수 있는 힘을 주시게 되었습니다.

구원은 믿음으로 받지만 그 효과는 하나님께서 제시하신 생명의 도인 율법을 지키려고 애쓰고 몸부림치는 자에게서만 발생합니다.
"살인하지 말라."
"간음하지 말라."
"도둑질하지 말라."
"거짓 증거 하지 말라."
이 모두가 생명의 도입니다. 예수님을 믿고 구원을 받았다고 하여 음란하고 방탕하며 죄악의 길에 들어서면 그 사람은 구원을 받지 못합니다.
율법은 정치, 사회적으로 안녕과 질서를 위해서 필요하고, 주님을 반역하는 사람들에게 필요하며, 교육적인 목석에서 필요하고, 끝끼지 생명의 길을 갈 수 있게 하기 위하여 필요한 것입니다.

하나님이 사랑하시는 교회

안디옥 교회는 순수하게 평신도들이 세운 교회입니다. 안디옥에 평신도들이 교회를 세우기까지의 그 시대 배경을 먼저 알아보기로 하겠습니다.

그 당시 예루살렘에는 예수님의 제자, 즉 사도들이 다 모여서 복음을 증거하여 수천 수만 명의 사람들이 예수를 믿게 되고 거대한 부흥의 역사가 일어나고 있었습니다. 사방 각지에서 예수 믿는 성도들이 예루살렘으로 자꾸 모여들고 있었으므로 사도들은 그 부흥에 도취

되어서 온 천하로 다니며 만민에게 복음을 전파하라는 예수님의 명령을 잊어버리고 말았습니다.

이에 하나님께서는 예루살렘에 풍파를 보내어 핍박을 받게 했습니다. 핍박의 바람이 예루살렘에 휘몰아쳐 와서 예루살렘 교회의 목사요, 예수님의 친동생인 야고보가 죽임을 당했습니다. 예수님의 수제자인 베드로가 옥에 갇혔고, 예루살렘 교회의 집사인 스데반은 돌에 맞아 죽임을 당했습니다. 이것은 주님의 명령을 따르지 않고 예루살렘 교회에만 몰려 있는 그들을 흩기 위한 작업이었습니다.

여기서 우리가 받을 교훈은, 하나님께 축복을 받고 성공할 때 그 성공에 도취해서 자기만 생각하고 다른 사람은 생각하지 않으면 하나님께서 치신다는 사실입니다.

복음은 온 세계로 퍼져 나가는 성향이 있으며 밖으로 발산하는 생동력이 있습니다. 이런 복음을 쥐고만 있으면 폭발하고 맙니다. 그리스도의 복음을 받고 난 후에 혼자서만 가지고 있으면 폭발하여 큰 상처를 입게 됩니다. 그러나 복음을 전파하여 남을 살리면 나도 점점 사는 역사가 일어납니다. 이것이 복음의 신기한 성격입니다. 오늘날 대다수의 교회가 자폭하는 이유가 무엇입니까? 목사와 장로가 서로 적대시하고 집사들 간에 분쟁이 일어나는 것은 자기밖에 모르고 자기 교회밖에 모르기 때문입니다. 즉, 전진하고 확산해 나가는 복음의 성향을 모르고 꽉 붙들고만 있기 때문입니다. 소수의 무리가 모여도 교회는 선교를 해야지 그렇지 않으면 자폭, 자멸해 버립니다.

예루살렘 교회가 핍박을 받아 풍비박산되어 성도들이 흩어지다 보니 북쪽 안디옥까지 가게 되었습니다. 그당시 사도들은 복음을 유대 민족에게만 전하는 줄로 알고 있었습니다. 그들에게 있어서 이방인은 생각도 할 수 없었습니다. 그러나 안디옥에 간 평신도들이 하나님의 은혜가 흘러 넘쳐서 이방 헬라인에게까지 복음을 전했습니다. 그래서 이방인들이 은혜를 받고 회개하고 성령을 받은 후 교회를 세운 것이 바로 안디옥 교회였습니다.

유대인과 이방인이 섞여서 하나님을 믿는다는 소식이 예루살렘에까지 전해지자, 예루살렘에서는 사실을 규명하기 위해 바나바를 파송했습니다. 바나바가 가 보니 과연 은혜가 충만한지라 단숨에 다소로 달려가서 사도 바울을 찾아 그와 함께 안디옥에 돌아와 큰 교회를 세웠습니다. 그래서 안디옥 교회가 설립되어 선교 지향적으로 방향을 세우니 핍박과 풍파가 없어지고 기독교 역사상 최초로 선교하는 교회가 되었습니다.

오늘날 우리도 선교하지 않으면 자폭해 버리고 맙니다. 복음은 거대한 폭발력을 가지고 있습니다. 이 복음을 국내외 선교로 폭발시켜야 합니다. 이러므로 교회는 기도의 능력과 모든 내적인 힘을 자폭으로 사용하지 말고 선교의 폭발적인 탈출구를 찾아 온 세계를 그리스도화(化) 하는 데 사용하도록 해야 합니다.

오늘날 하나님께서 사용하시는 교회에는 세 가지 유형(類型)이 있습니다.

첫째로, 하나님께서 사용하시는 교회는 주를 섬기는 교회입니다.

오늘날 많은 교회가 주를 섬기지 않고 자기의 탐욕을 섬기고 있습니다. 옛날 에덴동산의 선악과는 '주를 섬길 것이냐, 나의 탐욕을 섬길 것이냐'의 시험이었습니다. 아담은 하나님 대신 마귀의 말을 좇아 탐욕을 섬겼습니다. 그 시험이 오늘 우리에게 끊임없이 계속되고 있습니다.

하나님께서 에덴동산에 선악과를 심어 둔 이유가 있습니다. 선악(善惡)이란 이해관계를 말합니다. 내게 좋으냐 나쁘냐로 시험해 보는데, 내게 가장 귀중한 것으로 시험합니다. 이 이해관계를 가지고 시험한 대표적인 예는 아브라함에게 독자 이삭을 바치라는 시험이었습니다.

오늘날 주를 섬기는 교회에도 하나님께서 선악과를 정해 주셨습니다. 그것은 십일조입니다. 물질과 하나님, 이 둘을 동시에 섬길 능력이 우리 인간에게는 없습니다. 하나님을 섬기려면 하나님께 십일조를 드리게 되어 있습니다. 그러므로 십일조를 도둑질하는 사람이 하나님을 섬긴다는 것은 거짓입니다.

우리가 말로는 "주님만 사랑합니다, 따라갑니다, 의지합니다."라고 할 수 있습니다. 그러나 실행으로 주를 섬기는 것을 보이는 것은 십일조이며, 하나님께서는 이 십일조를 가지고 우리의 믿음을 확인하십니다.

둘째로, 하나님이 사용하시는 교회는 금식하는 교회입니다.

예수님께서는 공생애 사역을 시작하기 전에 40일간 금식하셨습니다. 그러므로 기독교는 금식의 토대 위에 서 있습니다.

기도에는 일반 기도와 간구가 있는데 금식하고 간절히 구하는 것을 간구라 할 수 있습니다. 너무 먹고 마시면 영이 맑아지지 않으므로 그 먹고 마시는 기관을 쉬게 하여서 영을 맑게 하는 운동을 하는 것이 금식 기도입니다.

선교사를 파송할 때의 안디옥 교회는 금식하고 기도하는 교회였습니다. 우리 교회는 금식하는 교회가 되어서 안디옥과 같은 교회가 되어야 하겠습니다.

셋째로, 하나님이 사용하시는 교회는 성령의 음성을 듣는 교회입니다.

오순절날 성령이 임하므로 비로소 교회가 형태로 나타나 출발을 하였습니다.

교회라는 것은 성령의 외투입니다. 성령님이 교회를 입고 역사하십니다. 그러므로 교회는 성령님을 인정하고 환영하고 모셔 들이고 의지하며 성령님의 음성을 들어야 합니다. 그리하지 않으면 교회가 성령님이 떠난 인간들의 조직체로 전락해 버리고 맙니다.

안디옥 교회의 첫 선교사가 된 바울과 바나바는 성령님이 시키시는 일을 하기 위해서 성령의 보내심을 받아 출발하였습니다. 성령님이 바로 오늘날 추수꾼의 주인이십니다. 이제 우리 교회들도 성령의 보내심을 받는 교회가 되어야만 하겠습니다.

예수 자랑 내 자랑

　우리가 신앙생활을 하는 가운데 하나님의 성품을 잘 살펴서 하나님께서 섭섭하게 여기시는 일을 하지 않도록 하는 것이 대단히 중요합니다.

　하나님께서 마음에 가장 섭섭하게 생각하실 때가 있는데, 그것은 우리가 자기 자랑을 하고 교만할 때입니다.

　나의 50년 목회생활을 통해서 보면 하나님께서 저에게 가장 섭섭하게 생각하시고 은혜가 떠날 때가 바로 자기 자랑을 할 때였습니다. 그때 하나님의 성령이 떠나고 시련이 다가왔습니다.

아담과 하와 이후로 우리 인간은 너 나 할 것 없이 천성적으로 자기를 자랑하고 싶어 합니다. 그런데 자기 자랑은 사탄의 성품입니다. 사탄은 원래 하나님을 받드는 그룹 천사였는데 자기를 바라보고 자기 자랑을 하여 타락하고 말았습니다.

교만과 자기 자랑은 육체에 속한 성품입니다. 그래서 사도 바울은 집사를 임명할 때 이런 점을 조심하라고 했습니다. "새로 입교한 자도 말지니 교만하여져서 마귀를 정죄하는 그 정죄에 빠질까 함이요"(딤전 3:6).

성경은 우리가 자랑하되 주 안에서 자랑하라고 가르쳐 주고 있습니다(고전 1:31). 우리의 자랑은 언제나 예수 그리스도가 되어야 합니다. 그렇지 않고 그 자리에 인간의 자랑이 들어오면 그 뒤에 곧장 사탄이 따라 들어오고 시험이 마음속에 일어나게 됩니다.

우리가 열심을 내어 일할 때에도 예수 그리스도 안

에서 성령으로 해야지 인간의 육신으로 자랑하기 위해서 했다가는 반드시 나중에 돌이킬 수 없는 시련을 겪게 됩니다.

물질적 환경만 가지고 본다면 우리 여의도순복음교회는 자랑할 만합니다. 교회의 건물도 자랑할 만하고, 성도의 숫자도 자랑할 만하고, 성도의 열심과 세계 선교 실적도 자랑할 만하며, 선교센터, 기도원, 국민일보 등 자랑할 만한 것들이 많습니다. 저는 이런 점들을 한국 사람들 앞에서는 자랑할 마음이 없습니다. 그런데 외국인들 앞에서는 가끔 자랑하고 싶은 마음이 납니다. 우쭐대는 그들의 기를 꺾어 놓고 싶은 생각에서라도 자랑하고 싶어집니다. 그러나 일단 자랑을 해 놓고 나면 그다음에는 반드시 시험이 다가옵니다. 육체의 시험이 다가오고 정신적으로 고통을 주는 괴로운 시험이 다가옵니다.

또 우리 교회가 지금 대외적으로 선교에 힘을 많이 쏟아서 유럽과 미주와 동남아에 선교 사역을 펼치고 있는데, 개교회로서 어떤 단체보다도 더 많은 일을 하고 있다는 자부심으로 자랑하고 싶은 생각이 들 때도 있습니다. 그러나 그와 같은 자랑을 하고 나면 반드시 선교지(宣敎地)에서 시험이 다가옵니다. 마귀의 시험이 바다를 건너 물결치듯 다가옵니다.

그래서 나는 결론적으로 이러한 사실을 깨닫게 되었습니다.

"살리는 것은 영이니 육은 무익하니라 내가 너희에게 이른 말은 영이요 생명이라"(요 6:63).

"육체의 소욕은 성령을 거스르고 성령은 육체를 거스르나니 이 둘이 서로 대적함으로 너희가 원하는 것을 하지 못하게 하려 함이니라"(갈 5:17).

우리가 자기 자랑을 하는 것은 성령을 거스르는 것입니다. 이러므로 우리는 언행심사(言行心事)에서 주님이 가르치신 그대로 행해야 합니다.

누가복음 17장 7절부터 10절을 보면, 하나님 앞에서 우리가 어떤 태도를 취해야 할 것인가에 관해 예수님께서 아주 적절한 예화를 들으신 것을 볼 수 있습니다.

"너희 중 누구에게 밭을 갈거나 양을 치거나 하는 종이 있어 밭에서 돌아오면 그더러 곧 와 앉아서 먹으라 말할 자가 있느냐 도리어 그더러 내 먹을 것을 준비하고 띠를 띠고 내가 먹고 마시는 동안에 수종들고 너는 그 후에 먹고 마시라 하지 않겠느냐 명한 대로 하였다고 종에게 감사하겠느냐 이와 같이 너희도 명령받은 것을 다 행한 후에 이르기를 우리는 무익한 종이라 우리가 하여야 할 일을 한 것 뿐이라 할지니라".

이 종이 한 말, 곧 '무익한 종이라'는 말이 바로 우리의 말이 되어야 하겠습니다. 사실 우리가 열심히 일했더라도 마땅히 할 일을 한 것밖에 없습니다. 하나님께서 이 세계를 다 창조해 놓으시고 우리에게 건강과 지혜와 능력도 주시고 일거리까지 주셨는데 우리가 일을 하지 않는다면 하나님께 책망을 들을 것입니다.

이러므로 우리는 무슨 성과를 거두었다 하더라도 그 성과를 통하여 예수님의 영광만이 나타나도록 하여야겠습니다. 침례 요한은 철두철미하게 이 모범을 우리에게 보여 주었습니다. 그가 복음을 증거하자 구름 떼같이 사람들이 모여들기 시작했습니다. 그런데 그때 군중 사이로 예수님이 나타나셨습니다. 그러자 침례 요한은 자기의 말을 그치고 예수님을 가리키면서 이렇게 말했습니다.

"보라 세상 죄를 지고 가는 하나님의 어린양이로다"(요 1:29).

"그는 흥하여야 하겠고 나는 쇠하여야 하리라"(요 3:30).

침례 요한의 이 말은 굉장히 겸손한 말입니다. 그는 자기 자랑을 한 마디도 하지 않았으며, 자기의 사명을 다 하고 난 뒤에 그 모든 것들을 통째로 예수님께로 인계해 드렸습니다 우리도 늘 '그는 흥하여야겠고 나는 쇠하여야겠다.'는 겸손한 생각을 가지고 나아가야겠습니다.

오늘날 이 땅위에 방황과 혼돈이 있고 질서가 잡히

지 않는 까닭은 이 땅이 '놋'이 되어 있기 때문입니다. '놋'이라는 땅 이름은 '방황하다'라는 뜻입니다.

가인이 아벨을 죽이고 난 뒤 도망간 땅이 바로 '놋' 땅이었습니다. 가인은 자기를 자랑하는 대표적인 인물이었습니다. 하나님의 명령을 어기고 자기가 농사지은 산물(產物)을 제단에 얹어 놓고 하나님께 자랑하려고 했습니다. 가인이 자기를 자랑하는 육체적 인간의 대표였다면, 아벨은 영적인 인간의 대표였습니다. 아벨은 하나님의 명령에 순종하여 어린양 예수 그리스도를 상징하는 양을 잡아 하나님께 제물로 드렸습니다. 다시 말하면 예수 그리스도만 자랑했습니다.

하나님께서는 아벨의 제사를 열납하시고, 가인의 제사는 받지 않으셨습니다. 그러자 가인이 아벨을 미워하여 돌로 쳐서 죽이고 도망갔는데, 그곳이 바로 '놋' 땅입니다. 오늘도 자기 자랑으로 하나님의 영광을 가리는 사람에게는 방황의 땅 '놋'이 기다리고 있습니다.

오늘날 사회가 무질서하고 세계가 방황하는 까닭은

가인이 아벨을 아직도 죽이고 있다는 증거입니다. 그러나 아벨이 일어나서 가인을 정복하면, 다시 말해 하나님의 성령의 불이 임하여 악한 영을 묶어 버리면 이 세상에는 하나님의 평안이 임할 것입니다.

    이것은 개인에게 있어서도 마찬가지입니다. 그러므로 우리는 날마다 육체의 겉사람 가인을 죽이고 영의 속사람 아벨을 살려야겠습니다. 우리 전체를 예수 그리스도의 제단 위에 놓고 예수 그리스도만 자랑하며 예수 자랑을 내 자랑으로 삼아야겠습니다.

말하는 것과 듣는 것

　성경에는 인간의 말하고 듣는 것과 하늘나라와의 관계에 대해 여러 가지로 말씀하였지만 그중에 가장 근본적인 것은 인간이 하나님과 같이 언어를 가졌다는 것입니다.

　말은 자신의 생각과 사상을 표현하는 수단입니다. 이 말은 우리의 마음에서 나옵니다. 영이 없는 존재는 말에 대한 개념이 없기 때문에 인간을 제외한 다른 동물들은 언어를 갖고 있지 않습니다. 그러므로 사람은 하나님처럼 말할 수 있다는 점에서 하나님의 형상과 모양을 닮았다고 할 수 있는 것입니다.

그런데 예수님께서 말씀하시기를, "무엇이든지 밖에서 사람에게로 들어가는 것은 능히 사람을 더럽게 하지 못하되 사람 안에서 나오는 것이 사람을 더럽게 하는 것이니라"(막 7:15–16)고 하셨습니다. 그러므로 속에 악을 쌓은 사람은 악한 말을 하고, 위선이 가득 찬 사람은 위선의 말을 하고, 거짓이 들어 있는 사람은 거짓말을 하며, 정직한 마음을 간직한 사람은 정직한 말을 하게 되는 것입니다.

언어는 신앙생활을 하는 데 있어 중추적인 역할을 합니다. 왜냐하면 말에는 창조력이 있기 때문입니다. 성경을 보면, "태초에 말씀이 계시니라 이 말씀이 하나님과 함께 계셨으니 이 말씀이 곧 하나님이시니라 그가 태초에 하나님과 함께 계셨고 만물이 그로 말미암아 지은바 되었으니"(요 1:1–2)라고 기록되어 있습니다. 하나님께서는 말씀으로 천지를 창조하셨습니다. 하나님의 마음속의 비전(vision)이 말씀이 되어 나올 때 구체화(具體化)되어서 실제로 파장을 일으키고 창조의 에너지를 발산한 것입니다.

말은 창조적 이미지(image)에 형태를 부여하는 것입니다. 우리가 말을 하지 않으면 이미지가 마음속에 그대로 남아 있고 구체화되지 않아 형태가 없지만, 말이 되어 입 밖으로 나오면 형태를 갖습니다.

예를 들면, 하나님께서 짐승들을 아담 앞으로 데리고 와서 이름을 붙이게 하신 것은 의미심장한 일입니다. 아담이 각종 짐승과 새와 물고기에게 이름을 붙여 줄 때 그 이름에 맞는 성격이 형성되었습니다.

말은 성격을 규정하는 구체적인 힘이 있습니다. 성경을 보면 성격을 변화시키려고 할 때는 이름을 바꾼 사실이 기록되어 있습니다. 사래를 사라로, 아브람을 아브라함으로, 사울은 바울로 바꾼 것이 그 좋은 예입니다.

또한 말은 환경을 개조하는 창조력이 있습니다. 목

회자가 늘 신유에 대해 말씀을 하면 그 교회는 병을 고치는 교회로 성격이 규정되고, 성령 침례를 부르짖는 목회자의 교회는 성령 침례를 받는 교회로 성격이 형성됩니다.

최근 미국 과학계의 발표에 의하면, 사람의 입에서 나오는 말들은 모두 에데르 층에 그대로 녹음이 되어 있다고 합니다. 과학이 좀 더 발달하면 이 에데르 층에서 아담이 했던 말을 뽑을 수 있다는 것입니다. 성경에는 하나님 앞에서 우리가 한 말에 따라 심판을 받겠다고 했는데 과학적으로도 이를 뒷받침하고 있는 것입니다.

우리의 입에서 나오는 말은 공기를 진동하는 것으로만 그치는 것이 아니라 창조를 가져오는 영적인 힘이 있습니다. 이러므로 주님께서 말을 중요시하셨던 것입니다.

오늘날 우리 앞에는 시간과 공간이 백지로 다가오고 있습니다. 그 시간과 공간에 성격을 부여하는 것은 우리 자신의 책임입니다. 다가오는 시간과 공간에 부정적이고 퇴폐적이며 절망적인 말을 늘어놓으면 마음 바탕도 부정적이고 퇴폐적이며 절망적이어서 생활이 그 영향을 받지 않을 수가 없습니다. 그러나 다가오는 시간과 공간에 예수 그리스도의 구원의 말씀을 채워 놓는다면 우리 앞에 예수 그리스도의 풍성한 구원의 열매가 있을 것입니다.

이렇기 때문에 사람을 변화시키려면 긍정적이고 적극적이며 창조적인 말을 하게 하고 그러한 말을 듣게 하여야 합니다. 또한 긍정적이고 적극적이며 창조적인 성경 말씀을 암송하게 하여야 합니다. 그리할 때 그리스도의 성격으로 변화되는 것입니다.

사람에게는 영, 혼, 육이 있는데 영이 한가운데 있다고 할 수 있습니다. 영이 핵심이라면 혼은 영을 둘러싸고 있고, 육은 그 위를 둘러싸고 있기 때문입니다. 사람은 육을 통하여 세상을 인식하고, 혼은 육을 통하여 얻는 체험을 조직화하고, 영은 이것을 총정리합니다.

영은 계시적인 것으로, 언제나 하나님의 음성과 묵

시에 귀를 기울입니다. 이러므로 영은 묵시에 의해서만 변화를 받게 됩니다.

우리는 말을 통하여 우리의 영 속에 하나님의 묵시를 전달합니다. 이러므로 하나님의 계시를 전달하는 가장 중요한 도구는 말입니다. 악령이 자리잡고 있는 곳에 성령님이 거하시게 하기 위해서, 그리고 영적 성장을 위해서는 하나님의 말씀을 끊임없이 들어야 합니다. 다윗은 낙심될 때 "내 영혼아 야훼를 송축하라 내 속에 있는 것들아 다 그의 거룩한 이름을 송축하라 내 영혼아 야훼를 송축하며 그의 모든 은택을 잊지 말지어다 그가 네 모든 죄악을 사하시며 네 모든 병을 고치시며 네 생명을 파멸에서 속량하시고 인자와 긍휼로 관을 씌우시며 좋은 것으로 네 소원을 만족하게 하사 네 청춘을 독수리같이 새롭게 하시는도다"(시 103:1-5)라고 노래하였습니다. 이것은 자기 암시로, 자기 영에게 묵시를 주어서 새로운 생명을 얻게 하는 것입니다. 한 척의 배가 항해를 하는 데 있어서 선장이 주위를 둘러보고 상황을 판단하여 기관실에 있는 기관사에게 배의 방향과 속도를 지시하면 기관사는 그대로 시행하여 배를 움직입니다. 우리의 혼은 선장에, 영은 기관사에 비유할 수 있습니다. 이론적인 체계를 세우는 것은 혼이 하지만 그것을 영에게 전달하는 것은 말이 하므로 말을 듣는 것도 복음을 증거하는 데 있어서 참으로 중요한 것입니다.

과부와 기름 그릇

열왕기하 4장 1절부터 7절을 보면 엘리사 시대에 선지자의 제자들 중 한 사람이 처자와 많은 빚을 남겨 두고 세상을 작별하고 말았습니다. 창졸간에 남편을 여의고 빚더미에 올라앉은 그 아내는 자식들을 데리고 먹고 살 수도 없고, 빚쟁이가 와서 자식들을 데려다가 종으로 팔겠다고 위협을 하니 아주 처절한 절망에 처해 있었습니다.

그래서 그 과부는 엘리사에게 나아가서 간청을 했습

니다. 엘리사는 그 과부의 딱한 사연을 듣고 난 후 "네 집에 무엇이 있느냐?"고 물었습니다. 그리고 기름 한 그릇이 있다는 말을 듣고 "이웃에 가서 빈 그릇을 잔뜩 빌려다가 그 기름을 부으라."고 지시했습니다. 그래서 그 과부가 아들들과 함께 빌려 온 그릇에 기름을 붓기 시작했는데 기름이 계속 나와서 빈 그릇을 모두 채웠더니 그제야 기름이 그쳤습니다. 그러자 엘리사가 다시 말하길 "그 그릇에 있는 기름은 팔아서 빚을 갚고 남은 것으로 아들들과 생활을 하라."고 했습니다.

이 말씀 중에 엘리사는 바로 우리 주 예수 그리스도를 상징하며, 과부는 교회를 상징합니다. 교회가 예수님을 잃어버리면 스스로 살아 나갈 힘이 없습니다. 말씀도 잃어버리고, 성령의 권능도 잃어버리고, 세속화 마귀들의 공격을 받아 이 처참한 과부와 같이 지금 무슨 일이 생기지 아니하면 파멸할 수밖에 없는 것이 말세에 처해 있는 교회들의 상황입니다. 그러면 이런 타락한 교회가 재생하려면 어떻게 해야 할까요?

첫째로, 예수 그리스도를 찾아야 합니다.

　과부가 엘리사를 찾은 것과 같이 교회는 새로운 교육 제도나 학문적인 발전이 아니라 예수님을 찾아야 합니다.

　　둘째로, 기름 그릇을 찾아내야 합니다.

　주님은 오순절날 우리에게 기름 그릇을 하나 주셨습니다. 엘리사가 그 과부에게 "네 집에 무엇이 있느냐?"라고 물은 것처럼, 주님께서는 우리에게 "너에게 무엇이 있느냐? 기름 그릇은 어디다 두었느냐?"고 질문하십니다. 우리는 교회에서 그리고 개인의 신앙생활에서 기름 그릇을 찾아내야 합니다. 교회에서 성령의 기름 그릇을 찾지 않으면 파산하고 맙니다.

　오늘날 많은 교회가 기름 그릇은 있으나 쓰지 않고 구석에 놔두고 성령 아닌 철학, 지식, 학문을 가지고 일합니다. 이제 이런 교회가 회개하고 "주님! 여기 기름 그릇이 있습니다." 하고 고백하여야 합니다.

과부와 기름 그릇

엘리사를 찾은 과부가 "여기 기름 그릇이 있습니다."라고 할 때 문제 해결을 본 것처럼, 우리 교회들도 성령님을 찾아 교회의 문제들을 해결해야 합니다.

예수님께서 이 세상에 오셨을 때에도 세상 문제에 대한 해답은 하나님의 성령이었습니다. 또 예수님께서 떠나실 때에도 절망적인 상태에 대한 해답은 또 다른 보혜사를 보내 주시겠다는 것이었습니다. 이러므로 우리는 처음부터 끝까지 성령님이 문제의 해답인 것을 알고 예수님을 통해 우리에게 주신 성령의 기름 그릇을 발견하여야 하는 것입니다.

또 엘리사는 과부에게 많은 그릇을 갖다 놓으라고 했습니다. 그릇은 성도들을 예표합니다. 그러므로 베드로가 그물이 찢어지도록 고기를 잡은 것처럼 우리도 사람을 많이 찾아서 교회로 불러 모아야 합니다. 우리는 빈 그릇을 갖다 놓고 기름을 부어서 그 빈 그릇을 채워 주어야 합니다.

주의 종들은 성령의 기름이 넘쳐 나서 성도들에게 그 기름을 부어 주어야 합니다. 주님은 "너희가 믿을 때에 성령을 받았느냐?"고 묻고 계십니다. 우리가 다른 사람들에게 성령의 기름을 부어 주지 않으면 우리 속에 있는 성령의 기름도 그쳐 버립니다. 과부가 빈 그릇마다 기름을 붓다가 아들에게 그릇을 더 가지고 오라고 할 때 그릇이 없다고 말하자 기름이 그쳐 버렸다고 했습니다.

이 '없다' 라는 말은 참 무서운 말입니다. 복음 사업이란 자꾸 성령의 기름을 부어 주어야 하는 것입니다. 우리 민족이 다 성령의 기름을 받고 인류 전체가 기름을 받을 때까지는 '없다' 라는 말은 하지 말아야 됩니다.

하나님은 '없다' 라는 말을 싫어하십니다. 그러므로 '이제는 됐습니다, 채울 수 없습니다' 와 같은 말을 하지 않아야 됩니다. "우리 교회는 이제 비좁아서 더 이상 수용할 수 없으니 전도를 중지합시다."라는 말이 떨어지면 그때부터 그 교회는 끝입니다. 교회가 부흥되어 비좁으면 다른 대책을 세우더라도 빈 그릇은 자꾸 빌려와야 합니다. 그릇이 없이는 절대로 안 됩니다.

과부가 그 기름을 팔아서 빚도 갚고 생활도 한 것처럼 우리도 성령의 기름을 부을 때 축복이 오는 것입니다. 모든 축복은 성령의 기름이 가득 찬 후에 오는 것을 명심하십시다. 성령의 기름이 넘칠 때 내가 살고 교회가 살 수 있습니다.

성령의 인도를 받자

　구약의 예언서는 거의 모두가 하나님의 심판에 대한 경고이며, 심판의 가장 근본적인 이유는 우상 숭배였습니다. 다른 모든 죄보다도 우상 숭배가 이스라엘을 멸망케 한 근원적인 죄입니다.

　그러므로 오늘날 우리가 가장 경계해야 할 것은 우상 숭배입니다. 현실의 우상 숭배는 탐심입니다.

　물질에 대한 탐욕은 하나님도 제쳐놓습니다. 우리 인간에게 없어서는 안될 근본적인 것이 물질이지만 자칫 잘못하면 우상이 되고 맙니다. 그래서 하나님께서는 물질의 십일조를 내라고 하셨는데, 그것은 십일조가 우상을 파괴하는 근본적인 것이기 때문입니다. 철두철미하게 우리 생활에서 십일조를 떼어야 되는 까닭은 물질적인 우상을 배제하는 영적인 깊은 의미가 있기 때문이며, 또 십일조를 통해서 우리가 하나님을 정말 사랑하는가의 결정이 이루어지기 때문입니다.

동남아시아 일대는 불교의 우상을 믿음으로 쇠퇴해 가고 있지만, 우리 한국은 기독교가 들어오자마자 십일조를 드리고 우상을 제했기 때문에 짧은 선교 기간 동안에 기독교인의 수가 1천2백만 명 이상이 되고 하나님의 축복이 넘치게 임했습니다.

우리 한국 땅에 큰 성령의 축복을 주시고 전 국민이 구원받게 되는 역사가 반드시 나타날 줄 믿습니다. 이러므로 대 추수기가 다가오는 시점에서 우리는 추수할 자세가 되어야 합니다.

목회생활을 하면서 가장 커다란 고민거리는 조직을

하면서도 조직하지 말아야 하고, 질서가 있으면서도 무질서가 되고, 목표를 세웠어도 바꾸어야 하는 것입니다. 왜냐하면 어떤 순간에 성령님이 어떻게 역사하실지 모르기 때문입니다.

성경에 성령님의 역사를 바람에 비유해서 "바람이 임의로 불매 네가 그 소리는 들어도 어디서 와서 어디로 가는지 알지 못하나니 성령으로 난 사람도 다 그러하니라"(요 3:8)고 했으므로 목회 사업에는 불가항력적인 우발성이 있음을 알 수 있습니다.

그러므로 성공적인 목회를 하려면 성령의 우발성을 우리의 생활 속에 받아들여서 의지해야 합니다. 대개 보면 목회 계획을 세밀하게 짜 놓고 그 계획대로 일보의 여지없이 진행해 나가는데, 그것은 벌써 실패한 목회입니다. 거기에는 성령의 역사가 배제되어 있기 때문입니다.

물론 우리가 계획은 짜야 합니다. 그러나 그 위에 성령의 역사가 있어야 합니다. 예배도 순서를 짜서 하되 그러면서도 순서 없이 예배할 줄 아는, 성령의 인도를 받는 목회자가 되어야 합니다. 그래서 목회자의 사명은 중대합니다. 강단에 서면 성령의 운행하심을 날카로운 심령으로 깨달아야 합니다.

그렇기 때문에 목회자는 기도를 많이 해야 합니다. 기도로써 성령과 교통하는 훈련을 많이 받아야 합니다. 이러한 훈련이 없기 때문에 성령님께서 역사하셔도 깨닫지 못하고 소멸시키는 것입니다. 성령의 바람이 불어오지 않으니 교회가 썩은 냄새만 나고 신령한 교회가 되지 못합니다.

우리는 성령님을 모시고 목회하는 것을 잊지 말아야 합니다. 혼자 목회하는 것이 아닙니다. 강단에 일단 서면 주인은 성령님이 되십니다. 그러므로 메시지는 성령님이 전해야 합니다.

메시지를 전하고 난 다음 반드시 은사가 있어야 합니다. 오늘날의 시대는 표적으로 말씀을 확실히 증거해야 됩니다. "믿는 자들에게는 이런 표적이 따르리니"(막

16:17), 즉 표적은 우리를 앞서 가는 것이 아니라 우리가 말씀 증거 할 때 뒤따라오는 것입니다. 그러므로 우리가 그 은사를 잘 분별해야지, 잘 분별하지 못하면 기적은 안 일어납니다. 또한 은사는 뒤따라오는 표적이므로 우리는 앞으로 나가야 합니다. 우리가 그대로 있으면 성령님도 가만히 계시며 따라서 표적도 안 나타납니다. '함께' 라는 것은 혼자가 아닙니다. 성령님과 동역한다는 것은 내가 먼저 역사하면 성령님께서 따라서 역사하시는 것을 말합니다.

오늘날 교회가 초대 교회와 같이 역사가 크게 일어나지 않는 까닭은 성령님은 일하기 원하셔서 기다리는데 우리가 알지 못하고 분별치 못하기 때문입니다. 지금도 주님은 "너와 함께 일하고 너를 따라서 역사가 나타나기를 기다리노라."고 말씀하십니다. 이러므로 우리는 주의 뜻을 분별하는 예리한 영적 능력이 있어야 합니다. 예리한 영적 통찰력은 하나님과의 많은 대화를 통해서 생깁니다. 우리가 친한 친구는 목소리만 듣고도 쉽게 알아내듯이, 하나님의 음성을 잘 들을 수 있기 위해서는 하나님과의 친밀한 교통의 훈련이 필요합니다. 그리고 성령님의 역사는 우발적으로 역사하신다는 것도 알아 두어야 합니다. 이런 깊은 훈련을 하게 되면 목회는 아주 생기가 있고 활발하게 진전되어 나갈 수가 있습니다.

기도론(1)

1. 기도는 하나님과의 영적 대화

인간은 하나님을 떠나서 살 수 없는 연약한 존재이다. 즉, 우리는 창조주 하나님을 의지하며, 우리가 처해 있는 슬픔과 기쁨과 고통과 소망을 기도로 아뢰고, 어떠한 형태로든지 하나님으로부터 응답을 받으며 살아가는 존재인 것이다. 우리가 하늘로부터 공급받는 값진 은혜들은 기도를 통해 이루어진다. 기도는 하나님과의 영적 대화이다. 대화란 상대와 함께 나누는 것이다. 따라서 우리는 기도할 때 하나님께 말씀하실 기회를 드려야 하며, 말씀에 귀를 기울여야 한다. 그래야 대화가 발전해 나가게 된다. 이러한 깊은 영적 대화를 통하여 우리는 놀라운 하나님의 은혜를 깨닫게 되는 것이다.

2. 기도는 영혼의 호흡

죽음이란 육신의 호흡이 끊어진 상태를 말한다. 옛날부터 '기도는 영혼의 호흡'이라 일컬어져 왔다. 이는 참으로 적절한 비유로, 우리가 숨을 쉬면 우리의 생명에 필요한 공기가 우리 몸에 들어와 생명을 불어넣듯이, 우리가 기도하면 성령님께서 우리 속에 충만히 임하사 복된 역사를 행하시는 것이다. 이러한 복된 역사가 계속되기 위해서는 쉬지 말고 기도해야 한다.

그러면 어떻게 해야 쉬지 않고 기도할 수 있을까? 이것은 우리가 하나님 앞에서 생각을 올바르게 갖는 상태를 말한다. 이를 위해 우리는 성경을 읽고 그 하나님 말씀에 나의 생각을 맞추어 나가야 한다. 그리할 때 우리는 능력 있는 신앙생활을 할 수 있게 된다.

3. 기도는 믿는 자의 능력

기도는 우리 몸을 병들게 하는 병균들을 태양 광선으로 소독하는 것과 같은 능력을 나타낸다. 또한 강력한 기도는 마귀를 대적하는 무기가 된다. 에베소서 6장 12절에 "우리의 씨름은 혈과 육을 상대하는 것이 아니요 통치자들과 권세들과 이 어둠의 세상 주관자들과 하늘에 있는 악한 영들을 상대함이라"고 하였다. 우리는 기도로써 전신갑주의 무장을 하고 사탄의 교활하고 무서운 공격에 맞서 싸워야 한다. 뿐만 아니라 기도는 상한 심령에 위로를 주고, 낙망한 영혼에 새 힘을 주며, 병든 몸에 치료를 가져다주고, 나아가 고된 삶 속에서 평안과 형통을 얻게 한다.

기도의 어려움

1. 마음속에 죄를 품은 채 하는 기도

죄는 기도를 방해한다. 죄를 지은 채 부정한 입술로

드리는 기도는 결코 하나님께로부터 응답을 받지 못한다. "내가 나의 마음에 죄악을 품었더라면 주께서 듣지 아니하시리라"(시 66:18). 그러므로 기도에 앞서 먼저 회개하여 기도를 방해하는 것을 물리치도록 한다.

2. 이기적인 목적으로 하는 기도

응답을 받지 못하는 기도의 대부분은 그 동기가 이기적이기 때문이다. 성경에 "구하여도 받지 못함은 정욕으로 쓰려고 잘못 구하기 때문이라"(약 4:3)고 하였다. 기도의 참목적은 하나님께 영광 돌리는 데 있다.

3. 믿음 없이 하는 기도

우리가 기도할 때, 하나님께서는 우리의 믿음을 요구하신다. 믿음 없이 구하는 기도는 하나님께 대한 불신의 태도이다. 성경에 "오직 믿음으로 구하고 조금도 의심하지 말라"(약 1:6)고 하였다. 우리는 기도로써 하나님께 약속을 구할 때 확실한 응답을 기대해야 한다.

가시가 주는 교훈
헌신獻身
자기 성찰省察
하나님의 선물과 성령의 관계
은전 두 닢
지도자가 되려면
목회생활의 기쁨
역경을 벗어나는 길
승리하며 사는 길
합력하여 이루는 선善

| 예비하시는 하나님 |

가시가 주는 교훈

　인생의 가시는 인간의 타락과 불가분의 연관성을 가지고 있습니다. 아담과 하와가 하나님을 반역하고 에덴동산에서 추방된 후 제일 먼저 그들을 맞아 준 것은 가시와 엉겅퀴였습니다. 그러므로 가시는 하나님에 대한 반역을 끊임없이 기억나게 합니다. 아담과 하와는 인생을 살아가는 동안 가시에 찔리는 고통을 당할 때마다 인간의 수단과 방법으로 산 것에 대해 탄식하며 후회했을 것입니다. 그 이후로 하나님 중심으로 살지 않고 내 중심으로 살려는 인간들에게는 가시가 다가와 늘 경고하며 찌르고 있습니다.

사도 바울은 하나님의 귀한 종이지만 그도 인간인지라 자기도 모르게 자고해지려는 마음이 생길 때가 있었습니다. 그럴 때마다 가시가 그를 괴롭게 찔렀습니다. 그는 이렇게 찔림을 통하여 죄를 깨닫고 회개하며 더욱더 하나님을 의지했습니다.

가시는 사도 바울뿐 아니라 우리 모든 사람에게 반드시 필요한 악(惡)입니다. 하나님 앞에서 바로 서고 순종하면 할수록 가시는 무력해지나, 에덴에서 멀어지면 멀어질수록 가시는 더 심하게 찌릅니다. 그리고 가시가 찌르므로 말미암아 우리가 겸비하게 낮아져서 하나님을 찾을 때 주님의 은혜가 넘치게 임하는 것입니다.

하나님 앞에서 큰일을 계획해 놓고 나면 가시가 무섭게 돋아나는 것을 체험하였을 것입니다. 그것은 우리의 큰일, 큰 은혜가 바벨탑이 되기 때문입니다. 번창하는 사업, 명예, 지위, 부귀영화, 이 모든 것은 자칫 하나님을 잊게 만들고 나를 내세우는 바벨탑이 될 수 있습니다.

이러므로 하나님께서는 무슨 일이든지 특별한 일을 주시기 전에 가시부터 먼저 보내십니다. 축복이 작으면 가시도 작고, 축복이 크면 가시도 큽니다. 반드시 그 가시가 와서 우리를 쳐서 자고(自高)하지 못하게 한 후에 하나님께서는 축복을 주십니다.

사도 바울은 자기를 찌르는 가시를 다음과 같이 분류해서 말했습니다.

첫째로, 약한 것들을 가시라고 했습니다.

이 가시는 모든 육신의 연약함을 말합니다. 그는 육신이 허약했음에는 틀림이 없습니다. 조금이라도 하나님을 의지하지 않으면 육신의 허약이 그를 쓰러뜨려서 또다시 회개하고 주님 중심으로 살지 않으면 약함을 극복할 수가 없었습니다.

둘째로, 능욕을 가시라고 했습니다.

실제로 그가 가는 곳마다 능욕을 당했습니다. 자기의 친구와 원수들을 통해 능욕의 가시가 계속 찔러 왔습니다. 그럴 때마다 그는 오직 하나님만을 의지하며 가시를 극복했습니다.

셋째로, 궁핍이 가시라고 했습니다.

그가 조금이라도 자기중심으로 살 때는 궁핍이 다가왔습니다. 가난의 가시가 올 때마다 그는 회개하고 부요를 주시는 하나님께 의지하게 되었습니다.

넷째로, 핍박이 가시라고 했습니다.

그는 핍박이 올 때마다 죽음에서 부활하신 주님을 바라보았습니다.

다섯째로, 곤란함이 가시라고 했습니다.

그는 일이 마음대로 안 될 때 손들고 주 앞에서 자신

의 무력함을 깨닫게 되니 하나님을 더욱 의지할 수밖에 없었습니다.

처음에 바울은 자신에게 있는 가시를 옮겨 달라고 세 번씩이나 기도했습니다. 하지만 나중에는 오히려 가시를 가진 것을 기뻐한다고 말했습니다. 왜냐하면 가시들이 찔러 오면 영과 육이 낮아질 대로 낮아지고 바로 그때 초자연적인 하나님의 강함이 역사하므로 곧 강건해질 수 있었기 때문입니다. 그래서 그는 주 안에서 자랑하고 주 안에서 강건해지라고 말한 것입니다.

가시는 은혜로써 극복이 됩니다. 가시가 오면 주님께 회개하고 매달려서 간구하게 되기 때문입니다.

이러므로 우리는 하나님께서 우리에게 큰일을 맡기시려 하면 반드시 가시를 먼저 보내신다는 것을 잊지 말아야 합니다. 우리 예수 믿는 사람들은 일평생을 통해서 이 가시를 피할 수가 없습니다. 이 가시가 끊임없이 우리를 찔러서 자만하지 못하게 하고 세상으로 물러가지 못하게 하여서 하나님께 더욱 의지하게 합니다.

사도 바울 같은 분도 자기가 자고해진다고 했는데 하물며 우리야 어떠하겠습니까? 조금 나아졌다고 생각할 때 자고해지기 시작하는 것입니다. 이러므로 우리는 항상 교만 뒤에 가시가 있다는 것을 기억해야 됩니다. 그래서 우리에게 가시가 오면 바울을 본받아 불평하거나 가시를 옮겨 달라고 하지 말아야 합니다.

가시는 옮겨져야 되는 것이 아니라 하나님의 은혜로 극복되는 것입니다. 워치만 니(Watchman Nee)라는 이름으로 널리 알려진 중국의 유명한 부흥사이며 저술가였던 니토쉥 목사님의 저서는 오늘날도 세계적으로 막대한 영적 영향력을 끼치고 있습니다. 그런데 그가 건강해서 책을 많이 쓴 것이 아닙니다. 그는 몸의 허약이라는 큰 가시가 있었습니다. 20대에 의사로부터 사형 선고를 받은 그는 하나님께 고쳐 달라고 간절히 기도하던 중 쓰러져서 잠이 들었습니다. 그런데 꿈에 그가 배를 타고 양자강을 거슬러 올라가고 있는데 배 앞에 태산만 한 바위 덩어리가 가로막아서 아무리 노를 저어도 갈 수가 없었습니다. 그래서 하나님께 그 바위를 옮겨 달라고 기도를 했더니 하늘에서 소리가 들렸습니다.

"니토쉥아, 내가 바위를 옮겨 주랴, 강물을 많이 불려서 바위 위로 지나가게 해 주랴?"

이와 같은 물음에 그가 강물의 양이 불어나게 해 달라고 했더니 갑자기 양자강의 물이 불어나서 그 바위 위로 배가 지나갈 수 있었습니다.

꿈에서 깨어난 니토쉥 목사님은 크게 깨닫게 되었습니다. 그 후 목사님은 가시를 옮겨 달라고 하지 않고 가시를 극복할 수 있는 은혜를 달라고 기도하여 은혜를 받고 많은 저서를 남겼습니다.

이와 같이 가시가 오면 하나님의 은혜가 오고, 가시가 가면 은혜도 갑니다. 우리가 이 땅에 사는 동안 가시를 없앨 수는 없습니다.

우리에게도 가시는 있습니다. 성격이 가시가 될 수도 있고, 연약함이 가시가 될 수도 있고, 생활이 가시가 될 수도 있습니다. 그러나 가시가 찌를 때마다 주님께 엎드리십시오. 축복을 주시기 위해서 더 큰 어려움이 있을 것입니다. 약한 것, 능욕, 핍박, 궁핍, 곤란 등이 다가올 때 인간을 의지하지 말고, 오직 주님만 의지하십시오.

　타락한 인간에게는 가시가 에덴동산으로 돌아가라고 기억하게 해 주는 하나님의 사자가 되는 것입니다.

헌신獻身

 이름이 널리 알려진 훌륭한 주의 종들이 갑자기 하루아침에 완전히 매장당하는 것을 목격하게 될 때가 있습니다. 그처럼 훌륭하던 주의 종들이 허무하게 쓰러지는 데에는 그들의 삶의 동기(動機) 문제가 밑바탕에 깔려 있습니다.

 사람들이 노력하고 애쓰고 열심히 일하는 데에는 마음에 삶의 근본 동기가 있습니다. 이 동기가 자기 자신만을 위한 사람이 있는가 하면 타인을 위하는 사람도 있습니다.

하늘나라가 영원히 존재하는 이유가 어디에 있는 줄 아십니까? 그것은 삼위일체 되시는 하나님의 존재 동기가 자기중심이 아닌 이타(利他) 중심에 있기 때문입니다. 아버지는 아들에게 모든 것을 다 주시고 아들은 아버지에게 전부를 드리며, 아버지와 아들은 성령을 통하여 피조물인 우리에게 모든 것을 주시고 계십니다. 하나님은 구원받은 사람들에게 모든 것을 공급해 주시는 존재이며, 구원받은 사람들은 하나님을 위해 남김없이 드려야 하는 존재인 것입니다.

이러므로 자기를 중심으로 하지 아니하고 늘 다른 사람을 위하는 동기를 가질 때 그 사람은 영원히 존재할 수 있는 것입니다.

그러나 사탄의 세계는 이와는 정반대입니다. 사탄의 존재 동기는 자기중심입니다. 사탄은 자기를 유익하게 하고, 자신을 기쁘게 하고 만족하게 하려는 동기가 마음속에 있기 때문에 분열이 생기고 파멸하게 되는 것입니다.

개인에 있어서도 거룩하고 신령한 사람이 되고자 하여 애써 공부하고 산에 가서 기도하는 사람들이 많이 있지만 이들이 얼마 가지 않아서 파멸하고 마는 까닭은 자신을 내세워 거룩되게 하고 신령하게 되고자 하기 때문입니다. 하나님의 은혜를 받아서 내가 신령하게 되고 내가 영광을 얻겠다는 것은 자기중심의 동기를 가진 태도입니다.

자기 발전을 꾀한다는 좋은 의미에서의 출발일지라도 동기가 자기중심일 때는 머지않아 벽에 부딪히고 맙니다. 인생이란 한계점이 있습니다. 일을 하다가 지치고 피곤하여지면 권태가 오기 마련이고 권태를 느끼면 될 대로 되라는 식의 자포자기에 빠지게 됩니다. 이렇게 되면 다시 헤어날 수 없는 수렁에 빠져 버리고 마는 것입니다.

참으로 우리가 거룩하고 성결하려면 자기 자신을 바라보고 자기 발전을 도모하는 것을 지양(止揚)하여야 합니다. '어떻게 하면 더 많은 사람에게 구원을 줄 수 있을까, 어떻게 하면 다른 사람에게 성령 충만함을 받게 할 것인가, 어떻게 하면 앓고 있는 사람들에게 고침을 받게 할 수 있을까, 어떻게 하면 다른 사람들을 주 안에 향상시킬 수 있을 것인가?'를 생각하는 사람은 언제나 발전이 있으며 지치지 않고 피곤하지 아니합니다.

이와 같이 지극히 단순한 마음의 근본적인 동기가 인간의 성공과 실패를 가름하고 흥망성쇠를 좌우합니다.

눈을 자기 자신에게로 돌려 자신의 거룩함과 성결함을 보고 자신을 내세우려는 사람은 운명의 카운트(Count)가 시작되었기 때문에 머지않아 파멸되고 맙니다. 그러나 길 잃은 양 무리들, 병들고 죄짓고 절망에 처한 사람들을 향하여 눈을 돌리고 하나님의 도구가 되어 그들을 위해 충성되게 일하면 하나님께로부터 힘을 얻어 뜨거운 정열을 가지고 계속 일을 할 수 있게 되는 것입니다.

예수님께서도 "그들을 위하여 내가 나를 거룩하게

하오니 이는 그들도 진리로 거룩함을 얻게 하려 함이니이다"(요 17:19)라고 말씀하셨습니다. 하나님의 독생자이신 예수님은 원래 죄가 없는 분임에도 불구하고 자신을 거룩하게 하심은 당신을 따르는 제자들을 위함이라고 하셨습니다. 동기가 자기에게 있지 아니하고 제자들에게 있었습니다.

오늘날 사업을 하는 사람도 그렇습니다. 기업을 하는 사람들이 자기만 잘 먹고, 잘 입고, 잘 살려는 자기 쾌락을 위주로 사업을 하면 얼마 있지 아니하여 파탄에 이르고 맙니다. 그러나 다른 사람들을 유익하게 하기 위하여 사업을 한다는 목적의식을 가진 사람의 사업체는 무궁하게 발전합니다. 다른 사람들에게 이익을 주고자 공장을 늘리고 사업을 확장할 때 사업체가 활발하게 움직여 많은 이윤을 남기게 되고 다른 사람들에게 만족을 줄 수 있을 뿐 아니라 자기 자신도 빛진하는 것입니다.

갈릴리 바다나 사해死海는 똑같이 요단 강물이 흘러

들어 오고 있지만 사해는 흘러 들어오는 물을 내보내지 아니하였기 때문에 물이 증발하고 소금기가 축적되어 모든 것을 죽여 버리는 죽음의 바다가 되고 말았던 것입니다. 그러나 갈릴리 바다는 흘러 들어오는 물을 끊임없이 내보내기 때문에 항상 물이 맑아 만물이 소생하는 힘을 주고 있습니다.

이러므로 주의 종들은 눈을 결단코 자기에게로 돌리지 마십시오. '내가 신령해져야겠다. 내가 훌륭해져야겠다.'는 생각을 하면 어느 시점에 가서 반드시 권태에 빠지고 지치게 됩니다. 이렇게 되면 끝이 나고 마는 것입니다.

타(他)를 위한 목적과 동기를 가질 때 계속하여 하나님의 능력이 흐르는 그릇이 되어 피곤하지 아니하며 지치지 않게 됩니다. '혹시 매일의 생활이 다람쥐 쳇바퀴 도는 생활이 아닌가?' 하는 의문을 가지면 이때부터 파멸을 향해 발을 내딛게 되는 것입니다. 우리의 존재 동기는 하나님의 그릇이 되어 '믿지 않는 사람과 병자, 파멸에 처한 사람들에게 어떻게 하면 하나님의 은총을 전달할 수 있을까?' 하는 것이어야 합니다. 우리 자신의 성공, 실패를 거론(擧論)해서는 안 됩니다. '어떻게 하면 더 많은 사람들에게 하나님의 능력을 전달할 수 있을까?' 하는 것이 우리의 몸부림이 되어야 하고, 그러다 보면 자신도 모르는 사이에 발전하고 하나님을 기쁘시게 하게 됩니다. 주님은 언제나 하나님께 기쁨을 돌리는 자를 높이 세우십니다. 주님께서 문을 열면 닫을 자가 어디 있겠습니까? 자신도 모르는 사이에 향상하고 발전하는 것이 바로 목회 성공의 비결입니다. 이렇게 일을 추진해 나갈 때 우리도 살고 양 무리들도 살게 되는 것입니다.

절대로 직업의식을 가지고 의무적으로 일한다는 생각, 마지못해 일한다는 자아적 동기를 갖지 마십시오. 자기를 바라보는 자의 종국(終局)은 파멸입니다. 우리는 죽든지 살든지 하나님을 섬기고 타인을 위해 살고 우리를 잊어버려야 합니다. 우리 자신을 잊어버리는 만큼 주님께서 기억하시고 돌보아 주십니다. 이와 같은 이치로, 우리가 우리 자신을 생각하고 있는 만큼 주님은 우리를 잊어버리고 돌보아 주시지 않습니다. 이것이 하나님의 법칙입니다. 성경에 "자기 목숨을 얻는 자는 잃을 것이요 나를 위하여 자기 목숨을 잃는 자는 얻으리라"(마 10:39)고 말씀하고 있습니다. 우리가 하나님 나라와 그의 의를 위해 자신을 버릴 때 생명을 얻게 된다는 사실을 잊지 마십시오. 자신에 대해 염려하고 근심하는 사람은 하나님이 멀리하고 생명이 사라져 가고 있는 사람인 것입니다.

자기 성찰省察

　목회자들은 항상 남을 가르치는 위치에 있기 때문에 잘못하면 중심과 열매를 상실한 말쟁이가 될 위험성이 대단히 많습니다. 회의나 모임 자리에 가면 환멸을 느낄 때가 종종 있습니다. 주의 종들이 성도들 앞에 있을 때에는 상당히 근엄(謹嚴)하게 하나님의 대변자 역할을 하는 것 같습니다. 그러나 목회자들끼리 모이면 쓸데없는 말, 무의미한 말, 유익하지 않은 농담들로 소일합니다. 그럴 때마다 정말로 목회자들이란 속이 텅 비고 겉만 번지르르 회칠한 무덤이 아닌가 하는 생각으로 충격을 받을 때가 있습니다.

이러므로 주의 종은 시시각각으로 자기 성찰의 시간을 하나님과 자신의 양심 앞에서 가져야 됩니다. 자신에 대해 가장 날카롭고 빈틈없으며 변명할 수 없는 철저한 성찰을 해야 합니다.

물론 목회자가 천사는 아닙니다. 또 인생의 승리자도 아닙니다. 다른 사람보다 도덕적으로, 윤리적으로 우수하기 때문에 목회자로 세움을 입은 것도 아닙니다. 평신도보다 기도를 잘하고 은사를 많이 받고 말을 잘하기 때문에 선택받은 것도 아닙니다. 오직 한 가지, 하나님으로부터 그의 메신저(傳播者)로 부르심을 입었다는 사실 한 가지 때문에 목회자의 위치에 세움을 입었습니다.

그러므로 목회자들은 무엇보다도 자신이 다른 사람보다 더 나은 사람이라고 생각하는 그 잘못된 바벨탑을 허물어 버려야 합니다. 이 생각은 종국에 가서 하나님께 채찍을 맞을 수밖에 없는 가장 그릇된 생각입니다.

오늘날 우리 목회자들보다 더 훌륭한 평신도들이 얼마나 많은지 모릅니다. 우리보다 더 경건하고, 더 의롭고, 더 충성스러우며, 더 헌신적인 평신도들이 얼마든지 있습니다. 우리는 그들보다 조금도 낫지 않습니다.

우리 목회자들의 위치는 예수님이 예루살렘에 입성(入城)하실 때 타고 들어오신 바로 그 당나귀의 위치입니다. 우리는 주인께서 불러서 사명을 맡겨 주셨기 때문에 하나님을 모시고 가는 당나귀에 불과합니다.

그러므로 오늘날 평신도들이 목회자들을 높이 받들고 섬기는 것을 보고 자신이 잘나서 그런 줄 안다면 이보다 더 어리석은 사람은 없을 것입니다. 평신도들은 우리를 보고 섬기는 것이 아니라, 우리 위에 타고 계신 하나님을 보고 섬기는 것입니다. 이는 예루살렘에 들어가는 당나귀가 예수님을 태우고 가기 때문에 사람들이 그 앞에 옷도 벗어서 깔고 나뭇가지를 베어 깔아 놓는 것과 같습니다. 이 사실을 모르고 당나귀가 스스로 잘난 줄 알고 거만하게 주인의 말을 듣지 않는다면 당장 푸줏간으로 가는 길밖에 없습니다.

생각해 보십시오. 당나귀를 위해 땅에 옷을 깔고 나뭇가지를 베어 깔 사람이 어디 있겠습니까? 그러므로 목회자는 언제나 자기의 삶 전체로 예수님을 모시고 겸손히 인도하심을 따라가는 자세를 취해야 할 것입니다. 그리하여 모든 영광은 예수님께 돌리고 자신은 뒤로 물러서서 이름도 없이 빛도 없이 섬기는 자세가 되어야 할 것입니다.

뿐만 아니라 우리 주의 종들은 간단(間斷)없이 예수 그리스도 앞에서 깨어지고 항복한 사람으로서 깊은 자기 성찰의 시간을 가져야 합니다. 이런 시간은 고요한 때일수록 좋습니다. 그리고 아무 말도, 변명도 하지 말고 성령께서 자기의 양심을 통해서 들려주시는 음성에 귀를 기울여야 합니다. 우리는 자꾸 남에게 소리를 내어 말하기 때문에 실패하는 경우가 많습니다. 그러므로 이제는 듣는 시간을 가질 필요가 있습니다.

엘리야가 실패한 까닭도 하나님 앞에 고요히 엎드려

자기 양심에서 들려오는 소리를 듣는 자기 성찰의 시간을 갖지 못하였기 때문입니다. 그는 갈멜 산 위에서 큰일을 하는 데에 정신이 쏠려 있었고, 아합과 우상 숭배자들과 싸우느라고 너무 밖의 소리에 귀를 기울이고 자기 소리를 많이 발했던 것입니다.

바로 그때 이세벨의 공갈 협박 하는 음성이 들려왔습니다. 그는 그 음성을 듣는 순간 하나님의 음성을 잃어버리고 말았습니다. 이렇게 되자 엘리야는 혼비백산하여 달아났습니다. 얼마 전의 의기양양했던 모습은 찾을 길 없고 가장 절망적인 비겁자가 되어 차라리 죽기를 바라게 되었습니다.

그러나 나중에 호렙 산에 들어가 고요히 자기를 성찰하는 시간을 가질 때 세미(細微)한 자기 성찰의 음성이 들려왔고 거기서 그는 재기(再起)할 수 있었던 것입니다.

이와 같이 우리 목회자들도 밖에서 들려오는 시끄러운 소리에 귀를 기울이지 말고, 시간을 내어서 기도굴이나 골방 같은 고요한 곳에 들어가서 그 마음속에 들려오는 하나님의 음성에 귀를 기울여야 합니다. 바울 사도는 양심이 성령 안에서 증거한다고 말했습니다(롬 9:2). 그러므로 성령께서 양심을 통해서 들려주시는 음성에 겸손히 귀를 기울이는 훈련을 하여야 할 것입니다.

저는 종종 그런 시간을 갖습니다. 그리고 그럴 때마다 아주 놀라운 음성을 듣게 됩니다. 성령께서 양심을 통해서 들려주시는 음성에는 추호도 자기 변명을 할 수가 없습니다. 날카롭게 날이 선 칼로 가차없이 도려내는 음성이 들려옵니다. 잘못한 것은 여지없이 잘못했다고 하고 잘한 것은 잘했다고 합니다.

목회자들이 하나님 앞에 서려면 이 음성에 귀를 기울여야 합니다. 이 음성을 잃어버리면 엘리야같이 낙심하고 맙니다. 사람은 누구나 자신을 변명하고 타당화시키려는 습성이 있습니다. 그러나 고요한 시간에 들려오는 음성은 우리를 타당화시켜 주지 않습니다.

우리가 깊은 곳에서 들려오는 음성에 자꾸 귀를 기

울이고 그 음성에 감사하며 자신을 정비해 나갈 때, 우리는 날마다 시간마다 발전해 나갑니다. 그러나 그 음성을 묵살하고 귀를 막고 내 뜻대로 나가면 그 순간부터 궤도를 이탈한 기차같이 끝이 납니다. 특히 막다른 골목에 처했을 때에는 간절히 기도하고 마음속에 들려주시는 음성을 따라 최후 결정을 내리는 것이 좋습니다. 종합하고 분석하고 측정하는 인간의 이성과 지혜와 경험을 따라 내리는 결정은 올바른 판단이 될 수도 있지만 실패하는 경우가 더 많습니다.

우리가 잘 아는 프랑스의 전 대통령 드골은 케네디에게 "당신이 가장 어려운 문제를 당할 때는 다른 사람의 음성을 듣지 말고 당신의 속에서 우러나는 음성에 따라 결정하라."고 충고했습니다. 최후의 결정은 두뇌가 아닌 가슴으로 해야 합니다. 비단 최후의 결정이 아니더라도 우리 목회자들이 평신도들의 문제에 도움을 주는 작은 결정도 이와 같은 방법으로 처리해야 합니다.

저의 경험을 통해 볼 때, 언제나 일시적인 눈앞의

이해 상관에 얽매어 내 지혜와 다른 이의 충고를 따라 결정을 내리고 나면 나중에 가서 결정적인 파탄이 다가왔습니다. 이성(理性)은 가슴속에서 울려 나오는 양심의 소리를 구체화시키는 수단에 불과합니다. 이성은 현실의 바퀴일 뿐 운전대는 세미한 음성이 쥐고 있기 때문입니다.

그러므로 이제부터는 성령께서 내 양심을 통해서 들려주시는 그 음성에 따라 말하고 행동하십시다. 그 음성으로 우리의 안내자를 삼으십시다. 그리고 그 음성이 보다 선명하게 들릴 수 있도록 고요한 가운데 자기 성찰을 하는 습관을 가지십시다.

하나님의 선물과 성령의 관계

우리는 복음을 증거할 때 예수 그리스도의 구원을 하나님의 선물이라고 말합니다. 그리고 병 고침과 축복도 하나님의 선물이라고 말합니다.

그런데 이 세상의 선물이란 선물을 받은 자가 선물을 순 자에게 의무적인 보답을 안 해도 됩니다. 주는 자는 주고 싶어서 주고, 받은 자는 감사함으로 받으면 그만입니다.

그러나 복음의 선물은 그렇지 않습니다. 복음의 선

물은 주는 이와 받는 이가 일체가 되며 둘 사이에 분리란 있을 수가 없습니다.

첫째로, 구원은 영생입니다.

영생이란 살아 있는 그리스도의 생명입니다. 그래서 영생은 영어로 'a Thing'이 아닌 'a Life'입니다. 즉, 살아 계신 성령께서 그리스도의 영원한 생명이 되셔서 우리 안에 거하실 때 영생이 되는 것입니다. 이러므로 구원은 성령의 역사와 분리해서 받을 수 없습니다. 구원을 받으면 성령께서 영생이란 형태로 우리 속에 들어와 거하시기 때문입니다.

둘째로, 신유는 성령께서 그리스도의 부활의 생명으로 우리의 아픈 곳을 점령하는 상태를 말합니다.

신유는 그리스도와 동떨어진 치료가 아닙니다. 신유는 살아 있는 치료의 영의 역사로 나타납니다.

병은 귀신이 가져다주는 것입니다. 믿지 않는 사람

들 속에는 귀신이 전부 점령하고 있습니다. 에베소서 2장 2절을 보면, 불순종의 아들들에게는 악령이 역사한다고 했습니다. 그렇기 때문에 믿지 않는 사람들은 병들고 고통받으며 사는 것입니다. 그러나 예수 믿고 구원받은 사람에게는 성령께서 신유의 역사를 베풀어 주시는 것입니다.

셋째로, 의로운 행위란 의의 영인 성령께서 점령하셔서 의로운 삶을 살게 되는 것을 말합니다.

축복도 성령님과 떼어 놓고 생각하면 안 됩니다. 축복의 영을 받아야 나가도 복을 받고 들어가도 복을 받는 역사가 일어나는 것입니다.

우리가 한걸음 뒤에 서서 세상을 보면 이 세상의 모든 투쟁은 영의 투쟁입니다. 오늘날 목회자들의 개인적 생활과 강단에서의 생활이 많이 다릅니다. 마치 존경하는 어른이나 손님 앞에서 잡담과 농담을 하고 난 후에

"존경합니다."라고 하는 식(式)입니다. 많은 목회자들이 하나님의 복음을 물건이나 상품 취급을 합니다. 그래서 영생을 마치 상품 주듯 하며 신유와 축복을 자기가 주는 것으로 생각하는데, 이것은 큰 잘못이며 실패의 원인이 되는 것입니다. 우리는 성령님께서 주시는 구원과 신유와 축복과 의를 말씀으로 전달하고 기도로써 전달하는 중차대한 사명을 받은 사명자일 뿐입니다.

목회자는 신령하고 경건하게 행동해야 합니다. 많은 목회자들이 성령님 앞에서 떨리는 마음이 없기 때문에 성령님을 하나의 물건으로 취급합니다. 그러나 성령님은 물건이 아니고 생명을 가진 인격자이시며 큰 권능을 나타내십니다.

그러므로 목회자는 말씀을 증거할 때나 병자를 위한 기도를 할 때 살아 계신 성령님이 전달되도록 하여야 합니다. 예수도 안 믿고 회개도 안 한 사람의 병을 고쳐 달라고 하면 성령님께서 역사하시지 않습니다. 신유는 죄를 회개하고 하나님 앞에 두 손 들고 나와서 주님 중심으로 살 때, 성령의 생명의 영이 그 육체를 점령하므로 사망이 떠나가 버리는 것입니다.

성령의 역사 없이는 구원도 없고 병 고침도 없고 축복도 없습니다. 성령께서 개인과 그 가정을 점령하고 그 사업체를 점령하므로 축복이 오는 것입니다.

저는 오랜 목회생활을 경험하고 난 후에야 사람들의 영혼이 불쌍하고 목회 성공보다 한 영혼, 한 영혼의 인격이 중요하다는 것을 절감하게 되었습니다. 그와 동시에 깨닫게 된 것은 살아 계신 성령님을 모시고 있는 내가 떨림과 경건으로 성령님을 전하는 일은 하지 않고 가끔 물건 취급을 하였다는 사실입니다. 그래서 저는 지금까지 한편으로는 오순절적인 복음을 증거했기 때문에 축복을 받았지만 다른 한편으론 늘 매를 맞았습니다.

오늘날의 목회자들은 너무 기계적인 교육을 받고 나와서 하나의 전문 분야의 직업인으로서 목회를 하고 있습니다. 그렇기 때문에 교회 안에서 하는 일과 밖에서 하는 일이 다릅니다. 위선자는 겉으로 보기에는 산 것

같지만 사실은 죽은 것입니다. 이 책임은 주의 종들이 살아 계신 성령의 능력을 가볍게 생각하고 받아들이지 않았기 때문입니다.

성령님을 심령에 모시고 있는 우리가 농담을 하고 세속적인 말을 하고 세상적 이야기를 한 다음 강단에 엎드려서 '주여, 주여!' 하면 하나님은 역사하시지 않습니다. 가장 친한 친구, 가까운 동료일수록 더욱 행동과 언어에 조심을 해야 하는데, 하물며 우리 심령 속에 계신 성령님께 대해서야 어떻겠습니까?

우리 목회자들은 이 세상을 버린 사람들입니다. 예수님께서는 "또 자기 십자가를 지고 나를 따르지 않는 자도 내게 합당하지 아니하니라"(마 10:38)고 말씀하셨습니다. 그리스도의 제자가 되려면 자기의 십자가를 지고 자기를 부인하고 예수님을 따르라는 말씀에 순종하여 이미 우리는 세상을 버린 것입니다.

또한 우리 목회자들은 버림받은 사람들입니다. 제가 세상 친구들을 만나지 않는 이유가 있는데, 그것은 모여 앉아서 세상의 썩어질 것만 가지고 대화를 나누기 때문입니다. 내 부모, 형제, 자식, 친척도 예수 믿지 않으면 대화가 끊깁니다. 그러므로 우리는 일가친척도, 친구도 다 잃어버린 사람들입니다. 그들과 잘못 대화를 하였다가는 성령님을 잃어버리기 때문입니다.

우리는 오직 성삼위일체 하나님과 살도록 되어 있고, 이 하나님을 모시고 성령을 전하는 사역자로 살도록 부름을 받았습니다. 이 사역에 영광을 느끼고 즐거움을 느껴야 합니다.

우리가 예수 그리스도 중심에 서고 성령의 완전한 포로가 되어서 하나님이 기뻐하시는 일만 하면 우리 생애 속에 생수가 강같이 흘러넘칠 것입니다.

어느 목사님이 저에게 "나는 구변(口辯)이 없어서 목회에 실패했다."고 말한 적이 있습니다. 그 말을 듣자마자 저는 성령님이 슬퍼하시는 것을 알 수 있었습니다. 목회자가 구변만 좋으면 목회를 성공한다고 생각하면 큰 오산입니다. 양 떼들은 목회자의 웅변을 들으러 교회에 나오는 것이 아닙니다. 하나님의 생명의 양식을 먹으러 나오는 것입니다.

그러므로 일단 하나님의 부르심을 입고 나왔으면 하나님 앞에 목숨을 바쳐 성령의 도구가 되어야 합니다. 그래서 한 영혼, 한 영혼을 만났을 때에 성령의 생명이 우리를 통하여 넘쳐 나오게 하여야 합니다. 바로 이것이 우리 목회자들의 사명입니다.

이것 외에 다른 사명은 없습니다. 작거나 크거나 그 사명대로 성령의 생명이 우리 입에서 넘쳐 나오게 하여야 합니다. 우리 모두 성령님을 마음에 모시고 그 생명이 넘쳐 흘러나오도록, 그래서 우리에게 맡겨 주신 수많은 영혼들을 살리고 건강하게 양육할 수 있도록 늘 기도하고 하나님께 의지하십시다.

은전두닢

 우리가 하나님의 백성이 되고 나서는 세상 사람이 생각하는 것과 정반대의 현상이 마음속에 일어납니다. 세상 사람들은 어른이 될수록 부모, 형제, 환경에서 점진적으로 독립합니다. 독립하지 않으면 그 사람은 정상적인 사람이 아닙니다.

 그러나 우리 기독교 신앙에서는 "너희가 돌이켜 어린아이들과 같이 되지 아니하면 결단코 천국에 들어가지 못하리라"(마 18:3)고 했습니다. 어린아이의 본성은 완전히 의지하는 것입니다. 그러므로 우리는 육체적으로는 성장하고 독립을 하되 영적으로는 하나님께 더욱 의존해야 하나님 나라에 들어갈 수 있는 것입니다. 원래 아담은 전폭적으로 하나님을 믿고 순종하도록 지음 받았습니다. 그런데 아담이 사탄의 유혹에 빠져 선악과를 따 먹고 지혜를 얻어서 하나님을 의지해야만 하는 인간 본연의 성품을 버리고 피조물의 신분에서 탈피하여 조물주가 되려고 했습니다. 즉, "나도 장성했으니 독립적으로 살아 보겠다."면서 하나님을 배반했습니다. 그 결과 그는 마귀의 종이요, 죄의 노예가 되고 말았습니다. 그래서 인간의 역사는 죽음과 절망, 고통과 슬픔으로 가득찬 기록으로 점철되어 있습니다.

오늘날도 사람들이 신을 떠난 자유의 몸으로 살겠다고 하는데, 바로 그것이 죄의 노예에서 벗어나지 못하게 하는 요인입니다. 죄와 마귀로부터 벗어나 하나님께 돌아와서 스스로 무력함을 깨달아 어린아이가 되어 하나님께 의지하고 변화되는 것, 이것을 기독교 신앙에서는 성장했다고 말합니다. 그러므로 세상에서 성장한 사람은 하늘나라에서는 죽은 존재인 것입니다.

신앙적으로, 영적으로 성장한 사람은 세상적으로 보면 꼭 바보 같습니다. 무서운 생존 경쟁 속에서 영악하지 못하고, 십일조, 감사헌금, 건축헌금 등 물질을 자원하여 바치고, 주일에는 하루 종일 교회에서 예배드리고 봉사하며, 시간 나면 성경 보고 전도하고, 너무 고지식하고, 점점 어린아이같이 되어 갑니다. 그러나 이것이 바로 신앙의 성장입니다.

어린아이 같은 신앙인은 하나님께서 전폭적으로 책임져 주십니다. 부모가 어린아이를 책임지는 것과 마찬가지로, 우리가 어린아이 같은 신앙인이 되면 하나님께서 우리의 입을 것, 먹을 것, 마실 것, 사는 것을 책임지십니다.

저는 신학교를 막 졸업했을 때는 내가 뭐든지 잘 아는 줄 알았습니다. 영어, 철학, 문학, 헬라어 할 것 없이 '이 정도면 되겠지!' 하는 자신감이 있어 마음이 뿌듯했습니다. 그러나 오랜 세월이 흐른 지금 와서는 아무

것도 남은 것이 없습니다. 배운 것은 하나도 남지 않았고, 단지 깨달은 것은 나는 비록 지혜도 없고 지식도 없는 종이지만 성령님이 나를 사용하여 놀랍게 역사하신다는 사실입니다. 이 순간이라도 성령님이 버리신다면 나는 정말 세상에서 무용지물이 됩니다. 그러니 울며 성령님께 매달리는 길밖에 없습니다. 그런데 결국 이것이 세상에서 볼 때는 바보 같지만 성령께서 기뻐하시는 길인 것을 알게 되었습니다. 그러므로 옛날에는 여러 가지 지식을 알려고 했지만, 이제는 예수님 한 분만 똑똑히 알아서 그분의 형상을 닮아 가려고 합니다.

하나님이 보시기에 우리가 가지고 있는 지식은 가소롭기 짝이 없는 것들뿐입니다. 오직 능력 주시고 말씀을 기억나게 하시며 우리의 연약함을 기도해 주시는 성령님을 마음속에 모셔 들일 때에 하나님의 빛이 비추어지고 다른 사람에게 구원을 가져다줄 수 있습니다. 인간의 지식을 말해서는 안 됩니다. 사람의 영혼을 채워 주는 메신저가 되어야 합니다.

사랑이 없는 곳에 사랑을, 평안이 없는 곳에 평안을, 믿음이 없는 곳에 믿음을, 가난과 저주가 있는 곳에 축복을 주는 것도 우리의 힘으로 되는 것이 아닙니다. 오직 하나님의 말씀과 성령께서 우리를 통해 주시는 것입니다. 하나님의 말씀과 성령, 이것은 주님께서 선한 사마리아인의 손 위에 얹어 주신 은전 두 닢입니다. 은전 두 닢, 즉 하나님의 말씀과 성령을 떠나서는 강도 만난 인생들을 도와줄 수 없습니다. 성경을 열심히 공부해서 말씀 중심에 서고, 기도를 많이 해서 성령께 완전히 잡혀서 언제 어떤 상황에서도 성령이 넘쳐 나야만 합니다.

나의 지식과 지위, 명예, 권세, 물질 따위는 내어 놓지 마십시오. 그런 넝마는 세상에도 남아돕니다. 세상의 것은 우리를 하나님의 자녀로 만들어 주지 못하며 천국으로 인도해 주지도 못합니다.

우리가 세상의 것을 진토와 같이 버리고 우리의 생의 중심을 하나님께 두고 말씀 위에 설 때 축복이 넘치게 임할 것입니다.

지도자가 되려면

한 어머니가 아들에게 음악에 천부적(天賦的)인 소질이 있음을 발견하고 열심히 음악 공부를 시켰습니다. 그리고 자기 고장에 있는 선생에게서 아들이 더 이상 배울 것이 없게 되자 아들을 데리고 뉴욕에 있는 이미 은퇴한 세계적인 피아니스트를 찾아갔습니다.

은퇴한 피아니스트는 제자를 받을 생각이 없다면서 아들을 가르쳐 달라는 어머니의 청을 단호하게 거절하였습니다. 이때 어머니가 기지(機知)를 발휘하여, "위대한 피아니스트이신 선생님을 방문했으니, 저의 아들이 한 곡만 선생님에게 들려 드리고 돌아가게 해 주십시오."라고 부탁을 드렸습니다. 이 말에 그가 쾌히 승낙을 하자 아들이 피아노 앞에 앉아서 건반을 두드리기 시작했습니다. 노대가(老大家)는 아직 미숙한 솜씨지만 다듬지 않은 다이아몬드와 같은 재능이 어린 소년에게 있음을 발견하였습니다. 이렇게 되자 다시 한번 제자를 키워 보겠다는 열정이 피어올랐습니다. 그는 결심을 꺾고 소년을 자기의 마지막 제자로 삼아 있는 힘을 다하여 가르쳐 훌륭한 피아니스트로 키웠습니다. 그리고 마침내 카네기홀에서 연주회를 갖게 되었습니다. 입추의 여지 없이 모인 청중들은 곡이 끝날 때마다 열광적인 박수를 보냈습니다. 무대를 향하여 모자가 날아가고 손수건이 날아갔습니다. 또한 무대 위에는 청중들이 놓은 지폐가 수북하게 쌓였습니다. 하지만 연주자는 이러한 것에는 아랑곳하지 않고 줄곧 이층 한 곳을 응시하면서 연주를 계속했습니다.

이상한 생각이 들어 청중들이 연주자가 줄곧 바라보는 곳을 쳐다보니 거기에는 백발이 성성한 노대가가 그의 제자를 내려다보고 있었습니다. 연주자는 손만 건반 위에 두고 눈은 그의 스승을 쳐다보고 있었던 것입니다. 사람들은 노대가가 "그래, 수많은 사람이 뜨거운 박수를 보내고 네 발 밑에 돈이 산더미처럼 쌓여도 위만 쳐다봐라. 네가 명예와 금전을 바라보는 순간부터 너는 내리막길을 걷게 된다."고 중얼거리는 것을 들었습니다.

이 이야기는 로버트 슐러(Robert Schuller) 목사님의 설교집 중에서 인용한 예화입니다. 저는 이 예화에서 깊은 감명을 받았습니다.

우리는 우리의 환경이 부요하고 모든 일이 순조로울 때뿐 아니라 환경이 어지러울 때에도 위만 쳐다봐야 합니다. 위를 쳐다보는 동안은 위험이 없지만 아래를 내려다보면 그때부터는 내리막길을 걷게 되는 것입니다.

사사기 9장 8절부터 15절을 보면 재미있는 비유로

교훈을 들려주고 있습니다.

하루는 나무들이 모여 그들 중에서 왕을 세우기로 했습니다. 그래서 나무들이 감람나무를 찾아가서 왕이 돼 달라는 청을 하자, 감람나무는 "나의 기름은 하나님과 사람을 영화롭게 하나니 내가 어찌 그것을 버리고 가서 나무들 위에 우쭐대리요." 하고 거절했습니다. 그러자 무화과나무를 찾아가 왕으로 삼겠다고 하였으나, 무화과나무 역시 "나의 단 것과 나의 아름다운 열매를 내가 어찌 버리고 가서 나무들 위에 우쭐대리요." 하고 거절했습니다. 그래서 포도나무를 찾아갔으나, 포도나무 역시 "하나님과 사람을 기쁘게 하는 내 포도주를 내가 어찌 버리고 가서 나무들 위에 우쭐대리요." 하고 거절했습니다. 나무들이 이번에는 가시나무를 찾아가서 그들이 방문하게 된 사유를 밝히자, 가시나무는 "만일 너희가 참으로 내게 기름을 부어 너희 위에 왕을 삼겠거든 와서 내 그늘에 피하라 그리하지 아니하면 불이 가시나무에서 나와서 레바논의 백향목을 사를 것이니라."고 하였습니다.

여기에서 말씀하신 나무란 곧 사람을 비유한 것입니다. 감람나무는 자기를 희생하여 하나님과 사람에게 봉사하는 사람이고, 무화과나무는 일상생활에서 아름다운 달고 맛있는 열매를 맺어 하나님과 사람을 기쁘게 하는 사람이며, 포도나무는 개인 생활을 절약하고 하나님을 위하여 다른 사람을 구원하는 일에 아낌없이 모든 것을 바치는 사람입니다. 그러나 가시나무는 자기를 희생하지 않고 열매 맺는 것도 없으며 남을 해치는 사람입니다.

감람나무, 포도나무, 무화과나무는 왕이 되지 않겠다고 했습니다. 자신의 위치를 알고 정말 하나님 중심으로 살며 이웃을 사랑하고 올바르게 증거하여 성공한 사람들은 이구동성으로 지도자가 안 되겠다는 말을 합니다. 그러나 가시나무는 기꺼이 왕이 되겠다고 했습니다. 그리고 자기 그늘로 피하지 않는 나무는 불로 사르겠다고 했습니다.

여러분, 우리는 지도자가 되지 않겠다고 뒤로 물러서는 사람을 지도자로 삼아야 합니다. 그런 사람이 참된 지도자가 되는 것입니다. 스스로 지도자가 되겠다고 나서는 사람은 지도자가 될 자격이 없는 사람입니다.

감람나무는 기름을, 무화과나무는 열매를, 포도나무는 포도즙을 줍니다. 하나님께서 각자에게 주신 축복을 자기 혼자만 갖지 않고 하나님과 사람을 위해 내놓겠다고 했습니다. 끊임없이 주면 하나님이 계속 부어 주십니다.

자기를 희생할 줄 아는 사람, 자신을 감출 줄 아는 사람, 그리고 자기의 것을 주는 사람들이야말로 지도자의 자격이 있습니다. 이러한 사람을 지도자로 세우면 그 밑에서 하나님의 축복을 받게 됩니다. 자기 희생도 없고 자신을 드러내기를 좋아하고 남에게 주는 것도 없는 가시나무 같은 사람은 남을 찌르고 해만 끼칩니다. 이런 사람의 마지막은 불태움밖에 없습니다.

이러므로 우리는 하나님께 영광 돌리고 각자 맡은

바 직분대로 포도나무면 포도나무의 직분에 맞게, 무화과나무면 무화과나무의 직분에 맞게, 감람나무면 감람나무의 직분에 맞게 충성하고 헌신해야 합니다. 그리할 때 하나님의 축복을 받으며 귀히 여김을 받고 영화로움을 얻을 수 있습니다.

목회생활의 기쁨

우리의 신앙생활, 목회생활에서 기쁨을 잃어버리면 어떠한 일도 되지 않습니다. 그 기쁨이란 창조적인 기쁨입니다. 하나님께서 우주를 창조하시고 인생을 지으신 것도 하나님 자신이 기뻐하려고 지으셨습니다. 창세기 1장에 기록된 창조 과정을 보면 하나님이 하나하나 지어 놓으시고 난 다음에 '보시기에 좋았더라'고 하였습니다.

그러므로 우리 인생의 존재 목적은 하나님을 기쁘시

게 하고, 하나님 앞에서 즐거워하는 것입니다. 우리가 무엇을 하든지 기쁘지 않고 즐겁지 않으면 인생을 살아가는 목적과 동기가 상실되고 맙니다. 그런데 창조하지 않는 생활은 기쁨이 없습니다. 창조하는 생활만이 기쁨을 가져옵니다. 그렇기 때문에 가장 행복한 사람은 끊임없이 창조하는 사람입니다.

오늘날 큰 사업을 하는 사람들은 밥만 먹으려고 사업을 하는 것은 아닙니다. 하루 세 끼 밥만 먹자면 그토록 고생하면서 큰 사업을 할 필요가 없습니다. 그들이 끊임없이 사업을 확장해 나가는 것은 창조를 함으로 말미암아 마음에 큰 기쁨이 오기 때문입니다.

하나님께서는 창조에서 기쁨을 얻으시고 좋아하셨습니다. 이러므로 하나님의 형상과 모양대로 지음을 받은 우리 인간도 창조함으로 좋아지고 기뻐하는 것입니다.

우리가 창조를 그쳐 버리면 기쁨도 사라져 버리고 맙니다. 이러므로 우리는 젊을 때부터 천국에 갈 때까지 끊임없이 창조하는 생활을 계속하여야 합니다.

오늘날 사업가들을 비롯한 부유층들이 도박을 하는 것은 창조하기를 그쳤기 때문입니다. 따라서 창조하는 기쁨도 그쳤기 때문에 권태에 빠져 남아도는 시간과 금전을 도박에 쏟아 부어 자멸하는 것입니다. 오늘날 이 세상이 혼란스러운 것도 사람들이 창조하기를 그쳤기 때문입니다. 오늘날 목회자들이 무능력하게 된 것도 창의성을 잃어 가기 때문입니다. 창의성을 상실하니까 정치적인 사역만 하여 교단을 시끄럽고 요란스럽게 합니다.

창조가 주는 기쁨을 가진 사람은 주어진 시간을 끊임없이 이용합니다. 또한 그들이 창조하는 가운데 생명의 역사가 일어납니다.

목표를 설정해 놓고 난 다음에 그 목표를 이루기 위해서 아이디어를 개발하고 신념을 발휘하고 계획을 세워서 열심히 일을 추진해서 목표에 도달하면 그것이 마음에 만족과 기쁨을 줍니다. 그래서 또 새로운 창조의 고지를 향해서 새로운 목표를 세우고 나아가게 됩니다.

우리의 인생은 현재로부터 시작하여 목표를 정하고 그것을 정복하면 뒤로 던져 놓고 다시 새로운 푯대를 정하고 뛰는 것입니다.

그러나 창조의 생활을 하지 아니하고 타성에 이끌려서 산다든지 월급이나 타기 위해서 마지못해 일을 하는 사람들은 아주 비참한 인생살이를 하고 있는 것입니다. 그런 사람들은 창조의 의지가 없으므로 개성도 개발되지 않고 그 자리에서 퇴화되고 위축되며 파멸하게 됩니다. 또 창의성도 없고 기쁨도 없는 사람은 건강도 좋지 않으며 가정도 평안하지 못하게 되고 수명도 단축됩니다.

이러므로 우리는 어찌하든지 우리 주변에서 일어나는 극히 작은 일에서부터 시작하여 지극히 큰 일에 이르기까지 끊임없이 창조하는 데 힘써야 합니다. 우리 하나님께서도 언제나 창조하시고 개조하신 후 좋아하셨기 때문입니다. 한 구역을 돌보더라도 틀에 박힌 심방을 하기보다 창조적인 아이디어를 구상하고 실천에 옮겨 성과로 거두는 만족으로 기쁨을 얻는 것이 우리가 할 일입니다.

오늘날 많은 사람들이 창의성을 개발하지는 않고 의뢰심만 가지고 도움만 받으려고 합니다. 그러다 보니 생의 의욕은 없어지고 권태롭기만 합니다. 늘 불평불만뿐이며 부정적인 성격이 형성되어 남이 창조적인 아이디어를 제공하면 대안(代案)도 없이 반대만 합니다. 그리고는 모든 교회 일을 세상적, 정치적인 방법으로 하려 합니다. 교회가 부흥하고 발전하는 것은 정치로 되는 것이 아닙니다. 그러므로 우리가 교회의 유능한 일꾼을 택하려면 하나님이 주시는 창조적 삶을 사는 행복한 사람을 택하여야 합니다.

하나님의 풍성은 행복입니다. 하나님께서는 창조하시고 난 후 그것을 보시고 좋아하셨다고 했습니다. 그러므로 우리도 매일매일 삶을 창의적으로 살아서 무궁히 성장하고 발전하며 기쁨을 누려야 합니다. 우리가 기뻐하는 삶을 살 때 하나님의 역사는 나타납니다. 적당히 사는 사람은 가장 불쌍한 사람입니다. 그 사람은 기쁨이 없는 사람입니다. 하나님께서는 끊임없이 창조하는 사람과 동행하십니다.

역경을 벗어나는 길

 우리는 이 세상을 살아가는 동안 반드시 평탄한 길만을 걷지는 않습니다. 때로는 사면초가(四面楚歌)와 같이 대단히 어렵고 막막한 환경에 둘러싸여 한 줄기의 빛도 발견할 수 없는 흑암 속에 들어갈 때도 있습니다.

 그러면 이와 같은 때에 어디서 돌파구를 찾을 수 있을까요? 이럴 때 많은 사람들은 밖에서 어떤 환경의 변화나 도움을 받아 벗어나려고 합니다. 사람들마다 어려울 때는 아무 데나 의지해 보고 싶은 마음이 드는 것이

인지상정(人之常情)이지만 실제로 그런 데서 돌파구를 찾을 수는 없습니다.

우리가 역경에 처했을 때 그 어려움에서 벗어날 수 있는 제일 좋은 길은 우리 내부에 있습니다. 그것은 바로 나에게 있는 것을 가지고 나와서 하나님께 드리는 것입니다. 하나님께나 사람에게 달라고 하는 것은 절대로 문제 해결이 될 수 없습니다.

열왕기상 17장 8절부터 16절을 보면 하나님께서 역경에 처해 있는 사람에게 해답을 주시는 내용이 기록되어 있습니다. 이스라엘에 3년 6개월 동안 가뭄이 들었을 때 사르밧의 과부는 어린 자식과 함께 마지막 남은 가루 한 움큼으로 떡 한 조각을 만들어서 구워 먹고 죽으려 했습니다. 그런데 하나님께서 엘리야를 보내어 그 마지막 떡을 내놓으라고 하셨습니다.

엘리사 시대에도 마찬가지였습니다. 열왕기하 4장 1절부터 7절을 보면, 선지자의 제자들 중 한 사람이 죽었는데 그 아내가 빚을 갚지 못해 자식들을 빚쟁이에게 종으로 빼앗길 급박한 순간에 엘리사는 기름 그릇을 다 내놓으라고 했습니다.

또 오병이어의 기적을 보십시오(마 14:13-21; 막 6:30-44; 눅 9:10-17; 요 6:1-15). 예수님께서 광야에서 5천 명을 먹이실 때에도 '내어 놓는' 방법을 사용하셨습니다. 허기진 배로 광야 길을 걸어 돌아가야 할 사람들을 먹이시기 위해 예수님은 어린아이의 떡 다섯 덩이와 물고기 두 마리를 원하셨습니다.

이와 같이 문제의 해결은 내어 놓는 데 있습니다. 우리가 가장 어려운 고비에 처해 있을 때, 우리가 나갈 돌파구는 우리 자신을 위하지 않고 하나님의 사업을 위해 자신이 가진 것을 내어 놓는 일입니다. 진퇴유곡에 빠져 숨통이 꽉 막혀 있을 때에 숨통을 틔우는 길은 자기에게 있는 것을 툭툭 털어서 하나님께 드리는 일입니다.

그러므로 목회자들은 어려운 문제를 당한 성도들에게 십일조를 하나님께 드리고 하나님 사업에 투자하게 하여야 합니다. 하나님 앞에 자신의 것을 내어 놓지 않는 사람은 그 탐욕 때문에 하나님께서 숨통을 터 주실 수가 없습니다. 물론 역경 가운데 있는 사람에게 이와 같은 말을 하기는 퍽 어려운 일입니다. 그러나 그 사람을 살리려면 반드시 그와 같이 권면해야 합니다. 그렇게 하여 하나님께 먼저 물질을 드리고 제사를 드려야 망하는 길에서 돌이킬 수가 있습니다.

성경은 이와 같은 비밀을 분명히 말해 주고 있습니다.

"주라 그리하면 너희에게 줄 것이니 곧 후히 되어 누르고 흔들어 넘치도록 하여 너희에게 안겨 주리라"(눅 6:38).

승리하며 사는 길

하나님께서 제일 미워하시는 것은 불순종입니다. 성경은 "순종이 제사보다 낫고 듣는 것이 숫양의 기름보다 나으니"(삼상 15:22)라고 말씀하고 있습니다. 사람들은 믿음이 먼저고 순종이 그다음인 줄 알지만 우리가 아집(我執)을 깨뜨리고 하나님께 순종하면 믿음은 뒤따라오게 되어 있습니다.

전도를 하여 예수를 믿게 한 다음 성도들의 신앙 발전을 위해 가장 먼저 시도해야 할 것은 그들의 생활 가운데 있는 우상을 깨뜨리는 것입니다.

이스라엘 백성들이 망하게 된 것은 그들이 우상을 숭배했기 때문입니다. 이와 마찬가지로 오늘날도 우상을 섬기면 하나님께 버림받습니다. 우상이라고 하면 알라나 태양신, 토신(土神) 등 온갖 잡신을 일컫는 줄로 생각하겠지만, 마음속에 탐심을 가지는 것도 우상을 섬기는 것이 됩니다. 예수님께서는 "너희가 하나님과 재물을 겸하여 섬기지 못하느니라"(마 6:24)고 말씀하셨습니다. 이러므로 처음 예수님을 믿는 사람에게는 황금에 대한 우상을 깨뜨리는 것이 급선무입니다.

성경을 보면 아브라함 때부터 하나님께 십일조를 드렸음을 알 수 있습니다(창 14:20). 십일조에는 하나님의 축복이 약속되어 있습니다(말 3:10). 하나님께서 십일조에 축복을 약속해 주신 까닭은 인간의 마음속에 탐심의 우상을 격파하고 하나님과의 대화가 이루어지도록 하기 위함이었습니다.

마음속의 탐심을 깨뜨리기 위해서는 십일조에 대한

하나님의 약속과 계명을 바로 알고 실천해야 합니다. 십일조를 바치는 성도들은 일곱 번 놀라게 됩니다.

　　첫째로, 십일조의 액수가 많음에 놀랍니다.
　수입의 십분의 일을 하나님께 드린다니 그렇게 많은 돈을 주께 드려야만 되는가 하고 놀랍니다.
　최자실 목사님과 함께 불광동에서 개척 교회 할 때의 일입니다. 십일조 생활을 해야 된다는 설교를 했더니 성도들이 충격을 받아 교회가 술렁거렸습니다. 교회를 나오지 않는 성도까지 생겼습니다. 그러나 다시 십일조에 대하여 차근히 설명을 했더니 성도들이 십일조를 드리기 시작했습니다. 그때는 가난한 성도들이 많아 무, 배추 같은 채소를 십일조로 가져오는 성도도 있었고, 심지어는 죽사발을 들고 오는 성도도 있었습니다. 그 성도들은 그때부터 십일조 생활을 충실히 하여 지금은 축복을 받아 모두 잘살고 있습니다.

둘째로, 영적 축복 때문에 놀랍니다.

십일조를 드린 이후부터는 기도가 잘되고 영적 은혜가 깊어지며 하나님의 축복으로 마음에 부요의식이 가득 차게 됩니다.

저는 어떤 책에서 이런 간증을 읽었습니다. 한 노인이 시집간 딸이 너무 못사니까 수입의 십분의 일을 딸에게 주었습니다. 그러나 남에게 도움을 받는 사람은 마음에 열등의식을 느끼고 부담감을 가져 마침내는 도와준 사람과 앙숙(怏宿)이 되는 경우가 많습니다. 이 노인의 경우에도 예외가 아니어서 장인과 사위 사이가 좋지 않았습니다.

그런데 어느 날 노인이 병이 들어 치료를 받게 되었습니다. 하지만 조금도 차도가 없자 노인은 딸을 우상으로 삼았던 자기 죄를 깨닫게 되었습니다. 그리고 그 이후 십일조를 드리기 시작했습니다. 그러자 놀라운 일이 일어났습니다. 십일조 생활을 하자마자 그의 병이 낫고, 사위도 마음을 새롭게 하여 열심히 일을 해서 도움을 받지 않고도 잘살게 된 것입니다.

이와 같이 십일조를 드리면 영적 축복을 받아 하나님과의 관계뿐만 아니라 앙숙 같던 사람들과의 관계도 회복되어 놀란다고 합니다.

셋째로, 경제적인 문제가 쉽게 해결되는 체험을 하고 놀랍니다.

어느 전도사님에게서 들은 이야기입니다. 어떤 성도가 십일조를 바치지 않았더니 아이가 아파 병원에 입원하게 되었답니다. 그래서 병원비를 십일조 이상으로 물었다는 것입니다.

십일조 생활을 하기 전에는 아무리 돈을 벌어도 우환과 질고로 돈이 빠져나가서 밑 빠진 독에 물 붓는 식으로 쪼들리는 생활을 하게 됩니다. 그러나 십일조 생활을 하면 축복을 받아 부요해지고 돈이 필요할 때는 꼭 필요한 액수만큼 채워지는 체험을 하게 되어 놀랍니다.

넷째로, 돈에 대한 담력이 생기게 됨에 놀랍니다.

십일조를 드리면 돈에 대한 탐욕이 없어지고 하나님께 더 드리고 싶은 소원이 일어나서 십일조 이상을 드리게 되어 자신의 변화에 놀라게 됩니다.

다섯째로, 놀라운 지혜와 올바른 판단력이 생겨 돈을 가장 유효적절하게 쓰게 됨에 놀랍니다.

한 자매님은 남편이 생활비를 제대로 주지 않기 때문에 남편 몰래 조그마한 농장을 시작했는데 적자만 거듭함에도 불구하고 십일조를 드렸습니다. 그랬더니 그 해 가을에는 수익이 5백만 원이나 되었습니다. 자매님은 그 돈을 어떻게 쓸까 궁리를 하다 '농장 옆에 있는 땅을 구입하고 영농 자금으로 운용하면 되겠다'는 지혜가 떠올라 그대로 행하였습니다. 그래서 지금은 농장이 더욱 커지고 수입도 더 많아지게 되었다고 합니다.

이처럼 십일조 생활을 하면 주님께서 지혜와 판단력을 주셔서 사업에 성공함을 보고 놀란다는 것입니다.

여섯째로, 진작 십일조를 드리지 못하였음에 놀랍니다.

십일조를 바치면 하나님께서 쌓을 곳이 없도록 축복해 주시는데 하나님의 것을 도둑질하고 살았던 자신의 어리석음을 깨닫고 놀랍니다.

일곱째로, 급속도로 경제 성장을 하게 됨에 놀랍니다.

십일조를 드리기 전에는 아무리 애를 써도 돈이 모아지지 않았지만 십일조를 드리면 빠른 속도로 돈이 축적되고 생활이 향상되어 놀랍니다.

이와 같이 십일조를 드리면 일곱 번 놀란다고 합니다. 이러므로 우리는 복음을 전할 때 십일조를 드리게 함으로써 일곱 번 놀라는 과정을 통하여 사람이 혁신되고 개혁되게 하여야 합니다.

오늘날 성도들이 이 세상에서 승리하며 사는 첫째

비결은 십일조의 문제를 해결하는 것입니다. 그다음에는 성도들에게 성령 침례를 받게 하는 것입니다. 이것은 성도들에게 절대적으로 필요한 것입니다. 왜냐하면 성령 침례를 받으면 낙심하여 세상으로 갔다 할지라도 얼마 있지 아니하여 회개하고 돌아오기 때문입니다. 성령 침례를 받지 아니하면 시련에 부딪치거나 시험이 다가오면 쓰러져 버리고 맙니다. 이러므로 성도들에게 꼭 성령 침례를 받게 해야 합니다. 마지막으로 성도들에게 전도를 강조해야 합니다. 하나님의 말씀을 들은 다음에는 그 말씀을 다른 사람에게 전달해 주어야 신앙이 자라게 됩니다.

합력하여 이루는 선善

"우리가 알거니와 하나님을 사랑하는 자 곧 그의 뜻대로 부르심을 입은 자들에게는 모든 것이 합력하여 선을 이루느니라 하나님이 미리 아신 자들을 또한 그 아들의 형상을 본받게 하기 위하여 미리 정하셨으니 이는 그로 많은 형제 중에서 맏아들이 되게 하려 하심이니라"(롬 8:28-29)

기독교 신앙 가운데 가장 위대한 은총을 주는 하나님의 약속 중의 하나가 바로 이 말씀입니다. 그래서 그리스도인이라면 누구나 이 구절을 외우고 또 자신이 생활에 그대로 적용하기를 원합니다. 만일 이 말씀이 없었더라면 우리는 환경만 바라본 나머지 부정적인 생각과 부정적인 말 그리고 부정적인 행동을 할 수도 있었을 것입니다. 그러나 하나님께로부터 이 말씀을 선물로 받았으므로 부정적인 말과 생각과 행동을 하지 않게 되었습니다.

사도 바울은 여기서 '우리가 믿거니와' 라 하지 않고 '우리가 알거니와' 라고 했습니다. 즉, 믿음의 단계가 아닌 체험의 단계에서 확실한 증거를 가지고 하나님의 약속의 진리를 말하고 있습니다. 누가 어떻게 공격하여도 결단코 흔들릴 수 없는 체험적인 진리, 그것은 바로 '하나님을 사랑하는 자 곧 그 뜻대로 부르심을 입은 자들에게는 모든 것이 합력하여 선을 이룬다' 는 말씀입니다.

모든 것이 합력하여 선을 이룬다는 말은 그 자체가 긍정적인 능력입니다. '모든 것' 이라 하였으니 좋은 일도 있고 하찮은 일도 있을 것입니다. 잘되는 일도 있고 못되는 일도 있을 것입니다. 건강할 때도 있고 병들 때도 있을 것입니다.

큰 그릇에 밀가루와 설탕가루를 담고 그 위에 계란을 깨어 넣은 다음 반죽을 할 때는 아무 형태도 알아볼 수 없지만 그 반죽을 오븐에 넣어 구워 내면 맛있는 빵이 됩니다. 또 수(繡)를 놓을 때 뒷면을 보면 온갖 색깔의 실이 엉키어서 마치 어린아이가 장난을 치는 것 같습니다. 그러나 일단 수를 다 놓고 수틀을 똑바로 들면 그곳에는 산이 있고, 나비가 날고, 시냇가에 아름다운 매화꽃이 피어 있는 아름다운 한 폭의 그림을 볼 수 있습니다. 이와 마찬가지로 우리 생활 가운데서도 모든 일이 합력하여 선을 이루게 되는 것입니다.

우리는 가끔 너무 성급하게 결정을 내리려고 합니다. 입에 달면 받아들이고 쓰면 뱉어 버립니다. 그러나 하나님은 그렇지 않습니다. 하나님은 언제나 현재가 아닌 궁극적인 내일, 즉 그의 나라의 완성을 주안점(主眼點)으로 하여 우리를 보시기 때문에 모든 것이 합력하여 결과적으로 유익을 가져오게 하십니다. 그러므로 우리가 하나님을 향한 신앙을 가졌다면 현재의 일을 보고 결론을 내리는 성급함을 버려야 할 것입니다.

오래전 성남시에서 인도한 성회는 내 평생에 가장 기억에 남을 만한 성회였습니다. 성회 첫날에 강풍이 불어와 천막을 날려 버리고 만여 명을 수용할 수 있는 광장에 겨우 2천여 명 모여 있어 어딘지 모르게 스산했습니다. 그런데다 설교하기 직전 하늘에서 장대 같은 비가 쏟아지기 시작하자 사람들이 달아나기 시작하는데 총알보다 더 빨리 달아나는 것 같았습니다. 그리하여 그 광장에 남은 사람은 겨우 천여 명에 불과했습니다. 그런데다 강단에 설교하러 나가서 서니까 물줄기가 어찌나 쏟아지는지 성경을 펼 수 없을 정도였습니다. 목을 타고 흘러내린 물줄기가 바짓가랑이 사이로 줄줄 흐르기 시작했습니다. 그러자 화가 나기 시작했습니다. 당장 성회를 중단하고 싶을 정도로 화가 났습니다. 그래도 하나님께서 부르셨으니 마쳐야 되겠다는 책임감에 설교를 시작했으나 준비해 간 설교도 채 다 하지 못하고 끝냈습니다. 그리고 나서 적당히 성회를 끝내고 집으로 돌아갈 것을 생각하니 도무지 마음이 개운하지 않았습니다.

그런데 이 집회는 성남시에 있는 여러 교회의 청년들이 연합으로 마련한 집회였기 때문에 그중에는 신유(神癒)의 역사를 반대하는 사람들도 있었습니다. 그래서 처음부터 신유 집회가 아닌 말씀 중심의 집회를 해 달라는 부탁이 있었습니다. 물론 신유가 말씀 중심이 아닌 것은 아니지만 조용하게 해 달라는 것이었습니다. 저는 그들의 청을 수락하고 병자를 위한 기도를 하지 않고 말씀만 증거하고 오겠다고 애초에 마음속으로 결심했습니다.

그러나 사람들은 불과 천여 명에 비는 장대같이 퍼붓자, '이왕에 이렇게 된 것, 그럴 바엔 하나님 일이나 하자.'는 생각이 솟구쳤습니다. 그래서 설교가 끝난 다음 병자를 위해 담대히 기도하고 치료된 사람은 간증하러 나오라고 고함을 쳤습니다. 그러자 그 자리에 있는 목사님들과 집행 준비 위원들이 기절초풍하는 것이었습니다.

그렇게 집회를 끝낸 다음 집에 돌아와 곰곰이 생각하니 마음이 평안하질 않았습니다. '하나님을 사랑하는 자, 곧 그 뜻대로 부르심을 입은 자들에게는 모든 것이 합력하여 선을 이룬다고 하셨는데, 오늘 저녁은 이게 어떻게 된 일인가? 믿지 않는 사람들이 구경 왔다가 천막 날아가는 것을 보고 얼마나 비웃었겠으며, 또 건너편에 앉아서 내가 복음 증거하는 것을 반대한 사람들이 그 광경을 보고 하나님이 심판을 내리신다고 아전인수(我田引水) 격으로 해석하고 비난할 것 아닌가? 하나님의 선이 어디 나타났는가?' 하고 밤새도록 심히 번뇌했습니다.

그런데 다음 날 기도하고 복음을 증거하러 가니 이번에는 5천 명이 모였습니다. 그리고 그다음 날에는 7천5백 명, 그다음 날은 8천5백 명, 그리고 닷새째 되는 날에는 만여 명의 사람들이 모여들었습니다. 그리하여 새로 믿기로 작정하고 구원받는 사람이 무려 천오백여 명, 그리고 닷새 동안 병 나은 사람들이 3천5백여 명이었습니다. 환자란 환자는 모조리 성령께서 치유시켜 버리신 것입니다.

이보다 더 큰 선이 어디 있습니까? 이 일을 통하여 저는 하나님께서 모든 일을 합력하여 선을 이루신다는 것을 절실히 느꼈습니다. 왜냐하면 첫날 바람 불고 비 오는 환경을 통하여 우선 순복음적인 집회를 할 수 있었기 때문입니다. 기왕에 그렇게 되었으니 하나님 영광이나 나타내고 하나님 일이나 하자는 생각에 병자를 위한 기도를 하였고, 그 때문에 수많은 사람들이 체면 불구하고 앞으로 뛰어나와 기도를 받았던 것입니다.

또한 감사한 것은 천막을 쳐서 안 될 곳에 천막을 쳤기 때문에 하나님께서 바람으로 천막을 벗겨 버리신 일입니다. 만일 천막을 쳐 놓았더라면 3천 명 정도만 그 안에 들어오고 그 외에 사람들은 천막 밖에 있거나 돌아갈 것이 뻔했습니다. 그런데 천막을 치우고 나니 7

천, 8천, 만 명씩 들어서도 넓고 좋았습니다. 이 모든 것이 곧 합력하여 이루어진 하나님의 선입니다.

우리 인간은 누구나 눈앞의 현실을 보고 자주 낙심합니다. 그래서 이스라엘 백성들처럼 불평과 원망의 불뱀에 물립니다. 광야를 지나던 이스라엘 백성들은 조그마한 시련도 참고 견디지 못하여 불평과 원망으로 하나님께 대적했습니다. 그리하여 불뱀에 물려 수많은 사람이 죽었습니다.

그러나 우리 그리스도인들은 바울 사도와 같이 "우리가 알거니와"라고 하며 담대히 나아갑니다. 우리는 체험을 통하여 저 구름 뒤에 햇빛이 있듯이 작은 시련과 고통 뒤에 하나님의 선이 있다는 사실을 믿을 뿐 아니라 알고 있습니다. 실제로 주님은 우리에게 일의 처음이 아닌 끝을 보라고 말씀하고 계십니다. 하나님께서 그 일들을 어떻게 선하게 끝내시는가를 보고 체험하고 믿으라고 하십니다.

그러므로 오늘날 우리가 할 일은 마음의 자세를 긍

정적으로 잡고 그 방향을 향해 믿음으로 담대히 나아가는 일입니다. 그렇지 않고 이스라엘 백성들처럼 요동하고 불평하면 하나님의 약속된 축복을 잃어버리게 됩니다.

그렇다면 우리가 어떻게 해야 모든 일이 합력하여 선을 이루게 될까요?

첫째로, 하나님을 사랑하는 자가 되어야 합니다.

우리가 하나님을 사랑하면 무엇이든지 끝까지 참을 수 있습니다. 사랑은 오래 참는다고 했습니다. 우리가 하나님을 사랑하지 않고 나를 사랑하고 정욕을 사랑하면 내 뜻, 내 정욕대로 안될 때 화를 내고 불평을 합니다. 그러나 우리가 하나님만 사랑하고 산다면 잘되어도 하나님의 영광이요, 못되어도 하나님의 뜻이니, 우리에게는 손해가 없으므로 항상 감사합니다.

우리가 사는 이 세상은 잠시 머물렀다 떠나갈 여관방에 불과합니다. 여관방의 도배(塗褙)가 잘되었으면 얼마나 잘되었고, 못되었으면 얼마나 못되었겠습니까? 이부자리가 좋으면 어떻고 나쁘면 어떻습니까? 이 세상 삶은 하나님의 눈으로 볼 때 잠시 잠깐 지나가는 행인과 나그넷길에 불과합니다. 그러므로 성경은 "사랑하는 자들아 거류민과 나그네 같은 너희를 권하노니 영혼을 거슬러 싸우는 육체의 정욕을 제어하라"(벧전 2:11)고 말씀하고 있습니다.

우리가 행인과 나그네로서 이 세상에서 하나님을 사랑하며 하나님께서 주신 사명에 따라 살려면 무엇이나 주님의 영광만 위해서 산다는 분명한 목표를 가져야 합니다. 하나님을 사랑하는 삶은 이미 성공한 삶입니다.

둘째로, 그 뜻대로 부르심을 입은 자가 되어야 합니다.

그 뜻대로 부르심을 입은 사람은 하나님 중심으로 사는 사람들을 말하고 있습니다. 우리가 마음과 뜻과 성품을 다하여 하나님을 사랑하고 하나님을 중심으로 섬기며 살 때에는 하나님께서 우리의 모든 것을 다 책임져 주십니다.

이렇게 되면 우리는 세상에 눈에 보이는 괴로움이나 문제로 걱정할 필요가 없습니다. 하나님께서 우리 대신 모든 걱정을 짊어지시고 해결해 주시기 때문입니다. 그런 것을 우리가 걱정하고 직접 해결하겠다고 붙잡고 있다면 얼마나 어리석은 일입니까? 베드로전서 5장 7절에는 이렇게 기록되어 있습니다. "너희 염려를 다 주께 맡기라 이는 그가 너희를 돌보심이라". '돌보심'은 헬라어로 '멜레이'인데 이 말은 '깊은 관심을 갖고 계시다'는 뜻입니다. 하나님께서는 우리의 모든 처지를 아시고 살피사 우리의 모든 필요를 채워 주시는 분이십니다.

시편 기자는 "날마다 우리 짐을 지시는 주"(시 68:19)라고 했으며, 예수님께서는 "수고하고 무거운 짐 진 자들아 다 내게로 오라 내가 너희를 쉬게 하리라"(마 11:28)고 말씀하셨습니다. 이러므로 오늘날 이 땅에서 염려하고 근심하는 사람은 다 하나님께 죄를 범하고 있다는 사실을 알아야 합니다. 왜냐하면 염려하고 근심하는 것은 우리를 대신하여 걱정하고 짐을 져 주시겠다는 하나님의 사랑과 자비를 무시하고 불신하는 것이기 때문입니다.

우리가 할 일은 모든 짐을 주님의 십자가 앞에 내려놓고 기도하며 마음에 평안이 올 때까지 기다리는 일밖에 없습니다.

하나님은 우리의 인생 위에 아름다운 수를 놓으십니다. 빨강, 주황, 노랑, 초록, 파랑, 남색, 보랏빛 실로 아름답게 수를 놓으십니다. 좋은 일과 궂은 일, 기쁜 일과 슬픈 일, 성공한 일과 실패한 일, 이 모든 일들이 우리 인생 위에 수놓이고 있습니다. 하나님께서 수를 다 놓으신 다음에 보면 우리 인생의 수틀에 '합력하여 선을 이루는' 하나님의 위대한 역사가 아름답게 수놓여 있을 것입니다. 우리는 아무 노력도 없이 하나님을 사랑하고 그 뜻대로 부르심을 입어 우리의 걱정 근심을 맡겼다는 이유만으로 그와 같은 축복을 받을 수 있는 것입니다. 그러므로 생활이 아무리 어렵고 고통스럽더라도 이 성경 말씀을 꼭 부여잡고 낙심하지 말아야 하는 것입니다.

기도론(2)

1. 예수님의 이름으로 기도

예수님의 이름으로 기도하는 것은 매우 중요하다. "너희가 내 이름으로 무엇을 구하든지 내가 행하리니 이는 아버지로 하여금 아들로 말미암아 영광을 받으시게 하려 함이라"(요 14:13). 그러므로 우리는 예수 이름의 권세를 사용하여 우리 내부에 자리 잡고 있는 불신앙의 죄악과 절망과 분노를 가져오는 악한 영들을 쫓아낼 뿐만 아니라, 질병과 가난과 저주를 가져오는 사탄의 세력들을 막을 수 있는 것이다.

2. 하나님의 뜻에 따라 구하는 기도

기도는 하나님께 아뢰는 우리 마음의 표현이기 때문에 마땅히 하나님의 뜻에 따라 간구해야 한다. 우리가 하나님의 뜻대로 기도할 때, 우리는 의심할 여지없이 하나님께 구한 모든 것을 얻게 된다. 하나님의 뜻을 알기 위해서는 하나님의 뜻이 기록된 성경 말씀을 기초로 해야 하며, 성경에 기록되지 않은 하나님의 뜻은 성령의 인도하심을 받아 분별해야 한다. 하나님의 뜻을 확실히 알고 구하는 기도는 곧 확실한 응답을 의미하는 것이다.

3. 성령과 함께하는 기도

우리가 하나님께 기도하기를 원하나 어떻게 기도해야 할지 모를 때, 하나님께서 우리에게 성령을 보내 주셔서 기도할 수 있도록 도와주신다. 그러므로 우리가 성령께서 임하시기를 기다리고 성령께 순종하며 나아갈 때 올바른 기도를 할 수 있게 되는 것이다. 성령께서는 우리에게 임하셔서 기도하기 싫을 때나 영혼이 무기력해져 기도할 힘이 없을 때 우리의 마음을 뜨겁게 해 주신다. 또한 우리가 표현하지 못하는 영혼의 간구도 말할 수 없는 탄식으로 대신하여 주신다.

4. 순종으로 하는 기도

하나님께 기도하여 구하는 바를 성취하려면 나에게 향하신 하나님의 뜻이 무엇인지를 알기 위하여 말씀을 공부해야 한다. 그리고 그 뜻을 발견하면 그것에 순종해야 한다. 그럴 때, 하나님께서는 우리가 간구하는 모든 소원에 귀를 기울여 주신다. 사무엘 선지자는 "순종이 제사보다 낫고 듣는 것이 숫양의 기름보다 나으니"(삼상 15:22)라고 하였다. 말씀에 대한 순종은 하나님을 기쁘시게 한다. 많은 기도가 응답을 받지 못하는 이유는 바로 하나님을 기쁘시게 하지 못하기 때문이다.

5. 감사함으로 하는 기도

우리가 하나님께 간구하기 위해 나아갈 때, 먼저 지난날 우리가 받은 수많은 응답들을 되돌아보고 하나님께 감사함을 잊지 말아야 한다. 사도 바울은 "아무것도 염려하지 말고 다만 모든 일에 기도와 간구로, 너희 구할 것을 감사함으로 하나님께 아뢰라 그리하면 모든 지각에 뛰어난 하나님의 평강이 그리스도 예수 안에서 너희 마음과 생각을 지키시리라"(빌 4:6-7)고 하였다. 우리가 이미 받은 복에 대해 감사할 때 믿음이 증진되며 성령으로 충만하게 되는 것이다.

6. 인내의 기도

기도가 어려운 이유는 하나님께서 우리의 기도에 즉각적으로 응답해 주시지 않는 데 있다. 기도를 드린 후 몇 달, 몇 해를 넘기게 되면 대부분의 사람들은 낙심이 되어 기도를 포기해 버린다. 그런데 우리는 바로 이 점을 이겨내야 한다. 예수님께서는 불의한 재판관이 과부의 청을 들어준 비유를 통해 우리에게 '인내하며 끈기있게 기도할 것'과 '기도하면서 낙망하거나 포기하지 말아야 할 것'을 가르쳐 주셨다. 우리는 모든 것에 통달하신 성령께서 도와주심을 기억하고 인내하며 기도를 해야 한다.

하나님의 촛대
영과 진리로 드리는 예배
영의 세계
어떻게 말씀을 전할 것인가?
묵시를 받는 일
성령의 권능과 메시지
예수 그리스도의 부활
영에 속한 사람
예비하시는 하나님

| 예비하시는 하나님 |

하나님의 촛대

성경에 나오는 가버나움은 북부 시리아와 남부 애굽을 잇는 무역의 교차점으로서 이스라엘에서 가장 큰 도시였습니다. 그래서 예수님께서도 가버나움에서 많은 권능을 행하셨고 사실상 이곳을 복음 증거의 총본부로 삼으셨습니다. 그러나 주님께서는 나중에 회개하지 않은 가버나움을 저주하셨습니다.

"가버나움아 네가 하늘에까지 높아지겠느냐 음부에까지 낮아지리라"(마 11:23).

저는 이스라엘에 가서 보고 이 말씀을 실감했습니다. 오늘날 가버나움 터에 가 보면 집이 한 채도 없습니다. 다만 예수님께서 들어가셔서 귀신을 쫓아내셨던 가버나움 회당의 기둥 몇 개와 거기서 조금 떨어진 곳에 베드로의 장모가 열병으로 누워 있었던 집이 허물어진 채로 남아 있을 뿐, 그 외의 건물들은 흔적도 없이 사라지고 황무지가 되어 있었습니다. 저는 그것을 통하여 주님께서 촛대를 옮기시고 저주하시면 패망한다는 사실을 확실히 느꼈습니다. 그런데 바로 이스라엘 백성들이 이러한 저주를 받았던 것입니다.

성경에 이렇게 기록되어 있습니다. "예수께서 이르시되 너희가 성경에 건축자들의 버린 돌이 모퉁이의 머릿돌이 되었나니 이것은 주로 말미암아 된 것이요 우리 눈에 기이하도다 함을 읽어 본 일이 없느냐 그러므로 내가 너희에게 이르노니 하나님의 나라를 너희는 빼앗기고 그 나라의 열매 맺는 백성이 받으리라"(마 21:42-43).

하나님께서는 이스라엘 백성을 특별한 포도원으로

삼으시고 그 포도원에 울타리와 망대를 짓고 농부에게 세로 준 뒤 열매를 받으려고 종들을 보내셨습니다. 그러나 이스라엘 백성들은 하나님께서 보내신 종들, 곧 선지자들을 죽이고 마침내는 하나님의 아들 예수 그리스도까지 십자가에 못 박아 죽였습니다.

이렇게 그들은 예수님을 쓸모없는 돌멩이로 여겨 던져 버리고 말았습니다. 그러나 하나님 아버지께서 그 돌을 취해 천국을 이루는 모퉁잇돌로 삼으셨던 것입니다. 이스라엘 백성들 편에서 볼 때는 예수 그리스도를 버렸으나 하나님 편에서 볼 때는 예수님을 그들에게서 빼앗아 열매 맺는 백성들에게 주신 것입니다.

이와 같이 주님을 빼앗긴 그들은 주후 70년에 로마의 디도에게 완전히 패망하고 먼지같이 흩어져서 2천 년 동안 나라 없는 민족으로 방황하게 되었습니다. 뿐만 아니라 2차대전 때에는 6백만 명의 유대인들이 참혹하게 학살당했습니다.

오늘날 유대 민족의 지식인들은 "만일 하나님이 살

아 계신다면 우리 민족을 2천 년 동안 이토록 수난과 비극을 당하게 하시겠느냐?"고 반발하며 "하나님은 없다."고 말합니다. 그들은 아직도 자기 민족이 왜 그와 같이 되었는지를 도무지 모르고 있습니다. 그들의 조상이 예수 그리스도를 배반하고 십자가에 못박았기 때문에 하나님으로부터 버림을 받았다는 사실을 아직도 깨닫지 못하고 있습니다.

이스라엘로부터 옮겨진 천국의 촛대는 로마로 건너가서 그곳을 복음의 중심지로 삼았습니다. 그러나 로마가 타락하기 시작하자 다시 독일로 옮겨졌고, 독일도 타락하자 이번에는 영국으로 옮겨졌습니다. 그 후 영국에서 미국에 옮겨진 촛대는 오늘날 미국 사회의 타락으로 말미암아 아시아로, 그중에서도 우리 한국에 옮겨진 사실을 저는 분명히 보고 있습니다. 이것은 하나님의 섭리이기 때문입니다.

저는 여행을 통하여 하나님께서 촛대를 옮긴 민족의 장래가 얼마나 처참하고 메마른가를 눈여겨보았습니다. 우선 예루살렘에 들어가 보면 황폐하기가 말로 다할 수 없습니다.

이스라엘 정부는 고의적으로 예수 그리스도의 흔적을 말살하려고 합니다. 그리스도의 성지(聖地)는 조금도 보존하거나 보수하려고 하지 않습니다. 그런가 하면 십자가 이후로 예수님의 흔적이 있는 곳마다 커다란 가톨릭 성당을 지어 놓고 관광객들에게 보이려고 하고 있습니다. 성지의 흔적은 사라지고 장사꾼만 남아 있습니다.

성지다운 성지는 손가락으로 꼽을 정도인데, 대충 살펴보면 마리아와 마르다가 살던 동네, 나사로의 무덤, 감람산, 예수님께서 피땀 흘려 기도하신 곳 정도입니다. 그런데 예수님께서 승천하신 곳에 가면 순전히 관광을 목적으로 예수님의 발 흔적을 새겨 놓았습니다. 또 예수님께서 십자가에 달리신 골고다는 두 곳으로 서로 진짜라고 선전하며, 무덤 역시 두 군데입니다.

그러나 진짜 성지는 갈릴리에 있었습니다. 갈릴리는 지면보다 약 240m 낮은 자연 호수이며 크기는 우리나라의 의암댐 정도 되는데 이스라엘이 모두 이 호수의 물을 먹고살았습니다. 가버나움도 바로 이 갈릴리 호숫가에 있었습니다. 그리고 갈릴리 이쪽 편으로 예수님께서 남자만 5천 명을 먹이신 둥글고 넓은 언덕이 있는데, 이곳은 갈릴리에서 불어오는 바람 때문에 언덕 아래에서 작은 소리로 말해도 위에까지 잘 들립니다.

또 갈릴리에는 예수님께서 팔복을 비롯하여 산상보훈을 말씀하신 산도 있었습니다. 그리고 거기서 얼마 가지 아니하면 가나의 혼인 잔치 터가 있고, 또 조금 나아가면 나사렛이 있습니다. 그런데 나사렛은 눈이 부실 정도로 요란스럽게 황금칠을 해 놓고 있었습니다. 저는 그 광경을 보고 매우 낙심했습니다. 여기도 다른 곳과 마찬가지로 유대인들은 다 떠나가고 아랍 사람들이 와서 예수님을 믿고 지키고 있었습니다. 유대인들은 예수님의 흔적만 있어도 멀리 도망치는 것을 볼 수 있었습니다.

그다음 저는 여리고 옛 성터에 가 보았습니다. 끝없

는 광야인데도 불구하고 여리고는 오아시스가 있어서 물이 흐르는 낙원과 같은 곳이었습니다. 그리고 지하 수십 미터에 모습을 드러낸 옛 성터는 성벽이 상당히 두터워서 퍽 견고해 보였습니다.

그다음에는 아마겟돈 평야에 가 보았습니다. 이곳은 우리나라의 김해평야만큼 넓은데 그 중심에는 고지(高地0)가 있었습니다. 역사 이래로 이 고지는 30차례나 무너지고 재건되는, 끊임없는 싸움터였습니다. 아마겟돈이 그와 같은 싸움터가 된 까닭은 이곳이 남방 애굽이나 북방 시리아가 서로 침공해 들어가는 길목이었기 때문입니다.

오늘날도 아마겟돈은 동양과 서양과 아프리카를 연결하는 길목입니다. 성경을 보면 이곳에서 제3차세계대전이 일어나게 되어 있습니다.

이스라엘의 풍습과 우리나라의 풍습은 너무나 흡사합니다. 음식을 먹는 풍습, 밭갈이하는 풍습, 여자들이 물동이를 머리에 이고 다니는 풍습 등 너무 비슷한 생활 풍습을 보고 놀라지 않을 수 없었습니다. 또 비행기 위에서 내려다보이는 산과 들도 우리나라와 너무 비슷하여 마치 강원도의 어느 산 위를 날고 있는 느낌이 들 정도였습니다.

그런데 그들과 우리 민족 사이에는 다른 점이 하나 있습니다. 그것은 바로 예수 그리스도에 대한 자세입니다. 그들은 어찌하든지 예수님을 반역하고 부인하는데 우리는 세계 어느 나라보다도 더 열심히 그리스도를 환영하고 모셔 들입니다.

그래서 저는 성지 순례를 통하여 '하나님의 사명을 받고 촛대를 이어받을 나라는 바로 대한민국이다!'라고 가슴속 깊이 느끼게 되었습니다. 이제 우리나라는 하나님의 촛대를 받아 들고 거기서 흘러나오는 복음의 역사를 세계 만방에 전해야 할 책임과 사명이 있습니다.

오늘날 미국은 해마다 교인 수가 줄어들고 있습니다. 해마다 교인이 늘어나는 지역은 아프리카와 남아메리카와 동양인데 그중에서도 한국의 교회 성장을 따라

올 나라가 없습니다.

그러므로 우리 한국이 영적인 이스라엘이요, 예루살렘입니다. 이제 온 세계의 주의 종들이 한국에 와서 신앙을 배워 가는 것을 확실히 알 수 있습니다.

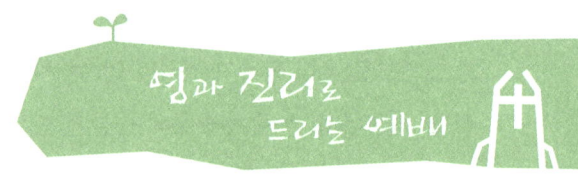

영과 진리로
드리는 예배

    요한복음 4장을 보면 사마리아 수가 성(城)의 한 우물가에서 예수님께서 한 여인을 만나 대화하신 내용이 기록되어 있습니다. 이때 그 여인은 예수님께 이런 질문을 했습니다.

    "우리 조상들은 이 산에서 예배를 드린다고 하는데 당신네들은 예루살렘에 예배할 처소가 있다고 하니 무슨 말입니까?"

    이 질문에 예수님께서 혁명적인 대답을 하셨습니다.

"이 산에서도 말고 예루살렘에서도 말고 너희가 아버지께 예배할 때가 이르리라……아버지께 참되게 예배하는 자들은 영과 진리로 예배할 때가 오나니 곧 이 때라 아버지께서는 자기에게 이렇게 예배하는 자들을 찾으시느니라"(요 4:21, 23).

그 당시 사람들은 예배를 어떤 국한된 장소나 의식으로 묶어 놓으려고 했습니다. 그들은 하나님 앞에서 자신들의 마음은 다스리지 않고 예배 장소만 영화롭고 장엄하게 꾸몄습니다. 그들이 집행하는 예배 의식은 매우 까다롭고 거룩한 것처럼 보였지만 그들 자신은 부패하고 음란하고 가증스러웠습니다.

이런 사람들을 향해서 예수님께서 혁명적인 선언을 하신 것입니다. 그리고 이 선언을 통하여 그 당시 전하여 오던 지리적이고 의식적인 조건 속에 구속해 놓은 하나님을 단번에 해방시켜 버리셨던 것입니다.

오늘날 사마리아에 가 보면 옛날에 그토록 호화롭던 예배터가 황무지로 변해 있습니다. 예루살렘에 가 보아도 마찬가지입니다. 하나님께서 그들의 지역적이고 의식적인 예배를 심판하여 잿더미로 만들어 버리신 것입니다. 하나님의 관심은 지역이 아닌 사람의 마음에, 그리고 의식이 아닌 마음의 중심에 있기 때문입니다.

과거 제정 러시아가 망할 때였습니다. 러시아의 교회 지도자들이 모여서 격렬한 신학 논쟁을 벌였는데, 그 논쟁의 주제는 성직자(聖職者)의 옷단을 붉은색으로 할 것인가 황금색으로 할 것인가에 관한 것이었습니다. 그들은 열흘 낮과 밤을 두고 격론에 격론을 거듭했으나 결론을 얻지 못하고 있었습니다. 바로 그 시각에 여섯 명의 볼세비키 운동가들이 지하실에서 공산주의 운동을 초안하고 혁명을 일으켜 장악한 다음 당시 러시아를 주름잡고 있던 모든 기독교 지도자들을 잡아 처형하였습니다. 러시아의 기독교 지도자들이 생명과 빛이 없는 의식만 찾고 있을 때 하나님께서 그와 같은 심판을 내리신 것입니다.

오늘날 하나님은 영과 진리로 예배하는 자를 찾으십

니다. 그리고 지난 2천 년의 기독교 역사는 영과 진리가 없는 의식적인 예배터가 어떻게 처참한 거름무더기로 변하였는가를 낱낱이 보여 주고 있습니다. 건물이나 의식 절차는 영과 진리로 드리는 예배의 한 부분적 도구일 뿐, 그것이 결코 중심이 될 수 없습니다.

그러면 영과 진리로 드리는 예배는 어떤 예배일까요?

첫째로, 영으로 드리는 예배는 성령을 통해 드리는 예배입니다.

모든 사람이 죄를 범하여 그 영이 죽었습니다. 그런데 예수 그리스도를 믿음으로 말미암아 보혈로 씻음을 받고 성령으로 거듭나서 하나님의 생명을 받아 영이 살아나고 하나님을 아버지로 부르게 되었습니다. 그러므로 우리는 하나님을 찬미할 때 임하시는 성령을 통해 예배를 드려야 합니다. 성령의 감화와 감동이 없는 예배는 아무리 의식이 장엄하고 거룩해도 거름무더기가 되고 말 것입니다.

가인은 좋은 제단을 쌓고 예배드렸지만 성령의 불이 임하지 않았습니다. 그러나 아벨의 예배에는 성령의 불이 임했습니다. 오늘날도 성령의 불이 임하지 않는 예배는 하나님께서 받으시지 않습니다. 그러므로 예배를 드리기 전에 그 예배를 인도하는 목회자부터 죄를 회개하고 하나님 앞에 헌신하여야 합니다. 그리하여 성령의 교통이 그 마음속에 뚜렷이 임하는 제단을 쌓은 다음, 그 성령님을 모시고 나가서 예배를 인도해야 합니다.

하나님은 지역과 공간을 초월한 영원무궁한 우주의 하나님이십니다. 이 우주의 하나님은 오직 성령을 통하여 우리에게 임하시고 우리와 교제하시기 때문에 성령이 없는 교회는 인간의 모임에 불과합니다. 그러므로 교회는 언제나 성령으로 말미암는 모임이 되어야 합니다.

둘째로, 진리로 드리는 예배는 말씀 중심의 예배입니다.

'진리'는 하나님의 말씀을 가리킵니다. 말씀을 떠난

예배는 능력이 없습니다. 어떤 사람들은 모여서 신학 강좌를 하고 세상의 윤리와 역사, 예술, 문학, 철학 등에 관한 이야기로 예배를 대신하려 합니다. 그러나 하나님을 예배하는 곳에는 그런 것들이 필요하지 않습니다.

진리의 중심은 예수 그리스도입니다(요 14:6). 그러므로 하나님께 드리는 예배는 언제 어디서나 예수 그리스도를 중심으로 한 하나님의 말씀이 선포되어야 합니다. 창세기부터 요한계시록까지 성경의 모든 말씀을 오직 예수 그리스도의 죽으심과 부활하심을 통하여 해석하여야 합니다. 모든 것이 예수님으로 출발해서 예수님으로 완성되어야 합니다. 그렇게 될 때 참된 예배가 되고 참된 목회가 되는 것입니다. 성령 충만 한 가운데 예수 그리스도를 중심으로 한 성경 말씀으로 예배드릴 때 하나님께서 그 가운데 임재하시고 그 예배를 받아주시는 것입니다.

말세가 가까울수록 사람들은 성령님을 떠나고 진리의 말씀을 멀리합니다. 그리고 인본주의적인 것, 세속적인 것을 제단에 올려 가인의 제사를 드리려고 합니다. 그러나 우리는 그러한 유혹을 단호히 물리치고 영과 진리로 예배하여 하나님께서 임재하도록 하십시다. 하나님이 임재하신 곳에는 용서가 있고, 자유가 있고, 치료와 축복의 응답도 있으며, 넘치는 생명력이 있습니다.

영과 진리가 사라진 곳에는 언제나 의식과 형식만 까다로워집니다. 그러므로 어느 곳을 가던지 의식과 형식이 장엄하고 까다롭거든 성령과 진리가 떠난 곳인 줄로 알면 됩니다.

가톨릭 교회의 의식과 형식은 우리가 익히 알고 있습니다. 그런데 요즘에는 프로테스탄트 교파 중에서도 말씀을 선포하는 강단은 옆으로 밀어 놓고 정면에 성경을 펼쳐 놓고 촛불을 켜 놓은 교회가 있습니다. 이것은 벌써 성령이 떠났다는 증거입니다. 말씀은 제단 옆에 밀어 놓고 촛불로 감동을 주려고 합니다.

성령과 진리가 없을 때 십자가는 나무에 불과합니다. 그 나무 십자가에 특별한 효력이 있는 것은 아닙니다. 마찬가지로 성령과 진리가 없을 때에는 성경이 그저 종이 위에 인쇄되어 있는 글자와 다를 바가 없습니다. 그러므로 우리는 단순한 어린아이와 같이 언제나 우리 중심을 성령의 불과 진리의 말씀 위에 두고 예배드려야 하겠습니다. '영과 진리로 예배를 드리느냐, 않느냐' 하나님의 관심은 바로 여기에 있습니다.

Prepares for

영의 세계

　인간의 모든 학문은 이성(理性)으로 개발하는 것입니다. 성경적 의미로 말하면 혼이 개발하고 발전시키는 것이 바로 학문입니다. 그러나 신앙은 학문이 아니므로 혼으로 개발하고 발전시킬 수 없습니다. 그럼에도 불구하고 오늘날 많은 사람들이 신앙을 혼의 대상, 이성의 대상, 학문의 대상으로 삼아서 생각하는 까닭에 신앙의 낭패를 당하고 있습니다.

　현대주의자나 신신학자들은 신앙을 학문의 대상으

로 삼고 있습니다. 이들은 학문을 탐구하는 자세로 신앙을 연구하기 때문에 성경을 신화(神話)와 몽상(夢想)으로 돌려 버리게 됩니다. 여기에 그들의 중대한 과오가 있습니다. 왜냐하면 하나님은 무한한 존재이시고 인간은 유한한 존재이므로 신비한 하나님께서 인간을 접촉한 기사(記事)인 성경이 학문의 대상이 될 수 없기 때문입니다.

이성은 항상 감각을 통하여 지식을 얻습니다. 보고, 듣고, 냄새 맡고, 맛보고, 만져 보는 감각을 통해서 사물을 이해하고 추구하고 조직화합니다. 그러나 하나님은 감각의 세계를 초월하여 계시의 세계에 거하시는 분입니다. 이러므로 혼으로써는 도저히 하나님을 알 수가 없습니다. 그러면 무엇을 통하여 하나님을 알 수 있으며 신앙을 얻을 수 있을까요?

그것은 바로 '영(靈)'입니다. 신앙은 혼으로 믿지 않고 영으로 믿는 것입니다. 그리고 이 영은 이성을 통해 살지 않고 직감을 통해 삽니다. 묵시(默示)를 통해서 삽니다. 그렇기 때문에 신앙은 영적인 세계이지 혼적인 이성의 세계도 아니요, 육적인 감각의 세계도 아닙니다. 따라서 신앙생활은 영적인 직감과 계시를 통하여 하나님과 그의 말씀을 깨닫고 믿고 구원받은 후, 육을 쳐서 정복시키고 혼을 이끌어 나가는 생활을 뜻합니다.

우리는 모두 영을 가지고 있습니다. 그런데 영 스스로는 도저히 영의 세계를 알 수 없습니다. 그렇기 때문에 하나님의 일, 즉 영의 세계를 알기 위해서는 예수님께서 니고데모에게 말씀하신 바와 같이 물과 성령으로 거듭나야 하는 것입니다.

우리가 예수 그리스도의 십자가를 바라보고 죄 사함을 받고 나면 성령께서 우리 영에 임하십니다. 이렇게 될 때에 비로소 우리의 영이 빛을 발하여 그 속에 예수 그리스도의 영생을 받아들이고, 영적인 하늘나라의 세계가 우리 영 속에 내재(內在)하게 됩니다. 그리고 이때에 성경을 읽으면 그 말씀이 믿어지기 시작합니다. 성경은 이해되지 않고 믿어지는 것입니다. 과거에 이성과 감각을 통하여 아무리 노력해도 이해되지 않던 말씀들이 눈으로 본 듯, 귀로 듣는 듯 확실히 믿어집니다. 그것이 바로 영의 세계요, 신앙의 세계입니다.

신앙이란 영적인 것입니다. 이 법칙은 어느 종교에나 적용됩니다. 믿음이란 영적인 세계의 일이기 때문에 성령을 모시지 않으면 악령에게 점령당하게 됩니다.

오래전에 사이비종교에 빠진 사람이 저를 찾아온 적이 있습니다. 그는 자기네 교주가 환상이나 꿈 가운데 자주 나타나서 계시를 준다면서 그 교주를 구주인 줄로 믿고 있었습니다. 한번은 꿈에 그가 밥을 먹고 있는데 교주가 부르더니 그의 머리를 만져 보면서 "용은 못 되어도 닭은 되겠구나. 그리 알고 충성하라."고 말하더랍니다. 그래서 그는 그 교주를 하나님이라고 믿는다는 것이었습니다.

사이비 종교나 이단에 빠진 사람들은 "와서 믿어 보고 계시와 꿈을 받아 보라."고 주장합니다. 그리고 그들이 환상 보고 계시 받은 일들을 간증합니다. 이런 일들은 실제로 있습니다. 환상과 계시는 수많은 사이비 종교와 이단에서도 실제로 볼 수 있습니다. 왜냐하면 그 배후에 악령이 있기 때문입니다. 악령은 그들로 하여금 그것이 진리인 줄 알고 자기가 구원받은 줄로 알고 섬기게 합니다. 하지만 결국에는 멸망의 길로 들어가게 할 뿐입니다.

이러므로 신앙의 싸움이란 영적인 싸움입니다. 이론적인 투쟁은 아무 소용이 없습니다. 우리가 아무리 이단자들과 얼굴을 붉히면서 논쟁해도 그들을 돌이키게 할 수 없습니다. 만일 신앙이 혼이나 육의 일이라면 이론을 통하여 개종(改宗)이 가능하겠지만 영의 세계에 속한 것이기 때문에 들어갈 때 바로 들어가야지 잘못 들어가면 힘들게 됩니다.

그러면 악령에 묶인 사람들로부터 그 귀신을 쫓아내는 방법은 무엇일까요? 오직 금식과 기도밖에 없습니다. 말로도 안되고 능(能)으로도 안됩니다. 사도 바울은 "우리의 씨름은 혈과 육을 상대하는 것이 아니요 통치자들과 권세들과 이 어둠의 세상 주관자들과 하늘에 있는 악의 영들을 상대함이라"(엡 6:12)고 말했습니다. 그리고 예수님께서는 악의 영, 즉 귀신을 쫓아내는 비결을 묻는 제자들에게 "기도와 금식이 아니면 이런 유(類)가 나가지 아니하느니라"(마 17:21; KJV)고 말씀하셨습니다.

우리가 이단 사설을 믿는 자와 만나서 이야기할 때는 그들의 입에서 나오는 말이 평범한 말이 아닌 악령의 말이라는 것을 기억해야 합니다. 그러므로 우리는 처음부터 그들과의 대화를 피하는 것이 좋습니다. 악령과 대화를 많이 하면 악령이 묻어 오기 때문입니다. 이렇기 때문에 사도 바울은 "이단에 속한 사람을 한두 번 훈계한 후에 멀리하라 이러한 사람은 네가 아는 바와 같이 부패하여 스스로 정죄한 자로서 죄를 짓느니라"(딛 3:10-11)고 말하였습니다. 또한 사도 요한은 "누구든지 이 교훈을 가지지 않고 너희에게 나아가거든 그를 집에 들이지도 말고 인사도 하지 말라 그에게 인사하는 자는 그 악한 일에 참여하는 자임이라"(요이 1:10-11)고 경고했습니다. 우리는 그들이 잠시 집에 들어와서 말하는데 무슨 상관이 있느냐고 생각하기 쉽습니다. 그러나 신앙은 영적인 것이기 때문에 이단과 사설을 말하는 사람의 말을 들을 때 듣는 이의 믿음이 약하면 그 악령이 묻어 오게 되는 것입니다.

우리가 예수님을 전하는 것은 이론 전달이 아닙니다. 예수님의 영이시며 인격적인 분이신 성령님을 실제적으로 소개하는 것입니다. 성령님을 불신자들에게 접촉시켜 주는 것입니다. 마찬가지로 귀신에 속한 사람들은 귀신을 전하고 소개합니다. 그래서 끊임없이 영적 싸움을 할 수밖에 없는 것입니다.

그러므로 주의 종들이 많이 기도하고 성령 충만함을 받지 못하면 큰일납니다. 언제나 성령으로 충만해서 우리의 입에서 나오는 말이 듣는 이들을 사로잡고 성령을 전달하여 그들의 영으로 하나님을 믿게 하여야 합니다.

사도행전 25장부터 26장을 보면 아그립바 왕이 베

스도 총독에게 문안하려고 가이사랴에 왔다가 바울에게 전도를 받은 내용이 기록되어 있습니다. 바울은 아그립바 왕 앞에서 그리스도와 심판의 의의(意義)에 관하여 말했습니다. 그러자 아그립바 왕은 바울에게 "네가 적은 말로 나를 권하여 그리스도인이 되게 하려 하는도다"(행 26:28)라고 말하면서 그 자리를 떠나고 말았습니다. 왜냐하면 바울의 말에 성령이 함께하셔서 아그립바 왕을 사로잡아 버렸기 때문입니다.

믿음은 성령의 흡인력으로 영에 접해서 전해집니다. 인간의 이성으로 예수님을 판단하고 이해하여 믿는다는 것은 거짓입니다. 저 자신도 아직 이론적으로는 다 알 수 없습니다. 그리고 다른 사람들도 마찬가지일 것입니다. 그럼에도 불구하고 믿을 수 있는 것은 성령이 임하여 예수 그리스도를 계시하여 주시기 때문입니다.

이러므로 성령의 역사 없이는 결코 복음이 전파될 수 없습니다. 성경은 "성령을 소멸하지 말며"(살전

5:19), "하나님의 성령을 근심하게 하지 말라 그 안에서 너희가 구원의 날까지 인 치심을 받았느니라"(엡 4:30)고 분명하게 말씀하고 있습니다. 인 치심은 소유권과 보증을 뜻합니다. 우리가 하늘나라에 들어갈 때까지 성령께서 우리 마음속에 "너는 내 것이다." 하고 인을 쳐 주셨습니다. 뿐만 아니라 우리를 하나님의 백성으로 보증하시고 또 보호하고 계십니다.

그러므로 우리는 성령님을 인정하고, 환영하고, 모셔 들여서 성령 충만한 가운데 기도하고 전도해야 합니다. 우리가 아무리 공부를 많이 하고 심오(深奧)한 천리(天理)를 깨달았다 하더라도 성령이 없으면 혼의 이야기가 될 뿐 신앙은 절대 들어오지 않습니다.

이단 사설과 싸울 때는 금식과 기도 외에는 별도리가 없습니다. 금식과 기도로써 악령을 쫓아낸 다음에 성령으로 충만함을 받아야 합니다. 또 일반 세상 사람들에게는 혼미(昏迷)케 하는 영이 붙어 있으므로 금식과 기도로 이것들을 쫓아낸 다음에 성령으로 충만하도록 해야 합니다.

　금식과 기도는 주의 종들에게 반드시 필요한 무기입니다. 일주일에 하루씩이라도 일정한 날을 정해서 금식하고 기도하십시오. 그리고 악령을 쫓아내십시오. 그러면 성령이 들어오실 것입니다.

어떻게 말씀을 전할 것인가?

　주의 종들이 하나님을 섬길 때 가장 중요한 일이 바로 하나님의 말씀을 증거하는 일입니다. 그런데 말씀을 잘 증거하기 위해 가장 근본적인 것은 '말씀 전하는 자의 선명(鮮明)한 사고(思考)', 즉 'clear thinking'입니다. 내 마음속에 핵심이 분명하게 잡히지 않는 생각은 다른 사람의 마음에도 분명하게 전달되지 않습니다. 따라서 전달하고자 하는 메시지가 분명하지 않으면 그 말씀을 듣는 사람이 아무런 영향도 받을 수 없는 것입니다.

이러므로 우리는 어느 곳에서나 하나님의 말씀을 전달하기 전에 마음속에 전하려는 말씀의 서론과 본론과 결론을 분명하게 정리하여야 합니다. 요즘에는 성령님만 임하면 아무 준비 없이 성경책 하나만 들고 강단에 서도 된다는 것을 자랑으로 여기는 사람이 있는데 이는 대단히 어리석고 무모한 생각입니다. 우리가 말씀을 들고 대중 앞에 나갈 때에는 반드시 전하고자 하는 말씀을 깊이 묵상하고 생각해야 합니다.

그다음 생각이 정리된 후에는 그것을 말씀으로 잘 요리하여야 합니다.

설교하는 것은 마치 음식을 먹는 것과 흡사해서 처음부터 마른 밥을 먹기 시작하면 체하기 쉽습니다. 그러나 김치, 깍두기로 입맛을 돋우거나 국물로 입 안을 부드럽게 한 다음 밥을 먹고 입가심으로 과일 한 조각이라도 먹으면 아주 즐거운 식사가 될 것입니다.

마찬가지로 설교에 있어서도 처음 서론이 가장 중요합니다. 아무리 선명한 사고를 하여 핵심을 분명히 잡았다 해도 처음부터 그 핵심을 강조하면 곧 싫증이 나고 맙니다. 그러므로 서론은 김치, 깍두기나 따끈한 국물처럼 관심을 휘어잡을 수 있는 짜릿한 내용이어야 합니다. 훌륭한 설교가 되기 위해서는 언제나 서론에 대한 깊은 연구가 필요한 것입니다.

설교자가 강단에 서서 말을 시작한 후 약 5분 동안은 사람들이 그 설교에 관심을 집중시키려고 노력합니다. 그중에서도 처음 20여 초는 전적으로 관심을 쏟습니다. 이때 그들의 관심을 묶어 둘 수 있는 서론을 펼치면 그 설교는 거의 성공했다고 말해도 과언이 아닐 것입니다. 만일 그렇지 못했더라도 5분 이내에 관심을 잡아야 합니다. "오늘 저녁에 계획이 없었는데 갑자기 나오라 해서 설교 준비를 못해 가지고 나왔습니다. 에, 또……." 이런 식으로 시작하면 그 사람의 설교는 이미 교인들의 관심 밖에 있고 그 사람은 하나님 앞에서 범죄하고 있는 것입니다.

오늘날 그리스도인들은 대부분이 성경에 통달해 있

기 때문에 처음 출발부터 평범한 성경 이야기로 시작하면 "아, 또 그 이야기!" 하고 관심을 돌려 버립니다. 그러므로 가능하면 성경 이야기는 본론에서 다루고 서론에서는 짧은 이야기를 통해 관심을 사로잡아야 합니다.

영어에 '펠트 니드(felt need)'라는 말이 있는데 아직 정확한 우리 말로는 번역되지 않았습니다. 이 말은 '마음속에 깊이 느끼는 어떤 필요감(感)'을 뜻합니다. 우리 목회자들은 성도들의 펠트 니드를 잘 알아서 그 부분을 꼭 집어 접목시켜 줄 수 있는 서론을 준비해야 합니다. 이렇게 펠트 니드에 접목이 된 사람은 당장 모든 잡념을 그치고 두 눈을 부릅뜨고 강단을 쳐다봅니다. 그러므로 설교를 잘하는 사람일수록 서론 출발을 잘합니다.

이렇게 서론에서 5분 이내에 관심을 집중시켜 놓은 다음 본론에 들어가서 또 한번 요리를 잘해야 합니다.

요리는 먼저 맛이 있어야 합니다. 색깔과 모양이 아무리 보기에 좋고 영양가가 높아도 입맛에 맞지 않으면 아무도 그 음식을 먹으려 하지 않습니다. 마찬가지로 설교 내용이 아무리 유익하고 미사여구(美辭麗句)가 나열되어 있어도, 그것만 가지고는 듣는 사람의 관심을 계속하여 잡아 둘 수 없습니다.

그러므로 본론은 너무 길지 않은 것이 좋습니다. 본론의 대지(大旨)는 불가피할 경우 5개를 넘어갈 때도 있으나 대개의 경우 3, 4개가 좋습니다.

그리고 예화는 한 설교에 두 개 정도가 좋습니다. 예화는 마치 방의 창문과 같아서 없으면 너무 어둡고, 많으면 너무 밝아 안정감을 잃게 됩니다. 예화는 본론의 중간에 하나, 끝 부분에 하나씩 넣는 것이 가장 이상적일 것입니다.

설교 중간에 교인들이 몸을 좌우로 흔들고 시계를 자주 들여다보면 그것은 '지루하니 설교를 그치라'는 뜻입니다. 이렇게 되면 그 설교는 실패입니다. 그때는 작은 소지(小旨)들은 잘라 버리고 결론으로 들어가는 것이 오히려 낫습니다.

그다음, 결론은 입맛을 다시도록 해야 합니다.

우리가 음식을 다 먹고 난 후에는 입맛을 산뜻하게 하고 여운을 남기는 구수한 숭늉이나 싱싱한 과일 한 쪽으로 입가심을 합니다. 이와 마찬가지로 설교의 결론은 짧고 분명하게 그리고 여운을 남기듯 마무리하며, 이때 이제까지 들었던 본론을 차분하게 정착(定着)시켜 주어야 합니다.

오늘날 설교자들 중에 본론은 아주 잘 전개해 놓고도 결론에서 그 내용과 듣는 이의 이해관계를 마무리 지어 주지 못해서 실패하는 사람들이 많습니다. 사람들은 누구나 할 것 없이 자기와 관계없는 것은 좋아하지 않습니다. 그러므로 설교자들은 자기의 설교가 듣는 이의 실생활에 어떻게 소용이 되고 관계를 맺는다는 점을 확실히 해 줄 필요가 있습니다.

우리 목회자들이 지닌 최대의 무기는 바로 말씀입니다. 말씀을 요리하여 성도들에게 먹이는 일에 서툴면 목자로서의 자격이 없습니다. 가정을 심방하든지, 구역을 심방하든지, 혹은 강단에 서든지 언제 어디서나 필요한 말씀을 택하여 서론, 본론, 결론으로 나누고 그 내용을 듣는 이의 이해관계에 맞추어 펠트 니드를 충족시켜 주는 영(靈)적인 요리 솜씨를 갖추어야 합니다. 이렇게 될 때 양 떼들은 살진 꼴을 얻어먹고 기름진 생활을 하게 되는 것입니다.

거듭 말씀드리거니와 목회의 성패(成敗)는 바로 메시지의 전달에 달려 있음을 명심하시고 훈련에 훈련을 거듭하시기 바랍니다.

묵시를 받는 일

 우리가 주의 종으로 부름을 받고 사역하는 것은 일차적으로 그리스도와의 만남의 깊은 계시가 우리에게 임하였음을 말해 줍니다. 왜냐하면 주님께서 "이것을 지혜롭고 슬기 있는 자들에게는 숨기시고 어린아이들에게는 나타내심을 감사하나이다"(마 11:25), "아버지 외에는 아들을 아는 자가 없고 아들과 또 아들의 소원대로 계시를 받는 자 외에는 아버지를 아는 자가 없느니라"(마 11:27)고 말씀하셨기 때문입니다. 우리가 사역에 종사하는 데에는 그리스도를 만나는 획기적인 묵시가 마음속에 임하여야 합니다. 그렇지 않고 맹목적으로 주의 사업을 한답시고 다니다가는 주의 사업이 아무것도 아니라는 결론에 도달하게 됩니다.

이러한 사실은 사울을 통해서 알 수 있습니다. 사울은 열성 있는 바리새인으로 열심으로 주를 섬겼습니다. 그는 기독교인들을 핍박하는 것이 바로 주를 섬기는 것으로 생각했습니다. 하지만 다메섹 도상에서 그리스도와 만나게 되자 그때까지 그가 한 일이 하나님을 대적하는 일임을 알게 되었습니다.

오늘날에도 신학을 공부하고 강단에서 복음을 증거한다면서 그리스도와 만남을 갖지 못한 목회자들이 있습니다.

이러므로 제1차 묵시인 그리스도와 나와의 부딪침에서 인간의 모든 율법적인 행위와 윤리적 행위와 도덕적인 행위가 산산조각이 나야 합니다.

"주는 그리스도시요 살아 계신 하나님의 아들이시

니이다"(마 16:16).

이와 같은 묵시가 우리의 마음속에 와야 합니다. 개인적으로 이 묵시가 부딪쳐 온 사람만이 주의 종이 될 수 있는 자격이 주어지는 것입니다. 그러나 이러한 것은 일반 묵시이며, 사역을 할 때에는 일반 계시만 가지고 사역을 할 수 없습니다.

우리가 강단에서 설교를 하고 성도들을 심방하여 말씀을 나눌 때 지식 전달에 그치면 생명은 줄 수가 없습니다. 생명을 전달하는 진실한 사역은 일반적인 묵시를 받았던 사람이 다시 필요할 때에 특별한 계시를 받은 경우에만 할 수 있습니다.

어떤 목회자는 한 달 치 설교를 미리 준비해 놓기도 합니다. 이런 사람들을 두고 준비성이 철저하다고 할지 모르지만 실은 그렇지 않습니다. 아무리 노련하고 경륜이 오랜 목회자라 할지라도 당일에 설교할 섯밖에 없는 법입니다. 하나님께서는 이스라엘 백성들이 광야를 지나올 때 매일 만나를 하루 치만 주셨습니다. 주님께서 우리에게 기도를 가르쳐 주실 때에도 '내게 열흘 먹을 양식을 주옵시고'라고 가르쳐 주시지 않고 '일용할 양식을 주옵시고'라고 기도를 드리라고 가르쳐 주셨습니다. 특별 묵시는 필요한 그때그때마다 받아야 합니다. 이것이 사역자의 큰 고민입니다.

미리 설교를 많이 정리하여 준비해 놓고 순서대로 뽑아서 쓰면 그것은 강의가 되고 맙니다. 예전에 준비한 것이라도 새로운 빛을 받아야 합니다. 새로운 묵시를 받아 주님이 지적하시는 새로움을 가지고 설교를 해야지 새로움이 없는 설교는 화석을 꺼내어 구경시키는 것과 다름이 없습니다.

이러므로 주의 종들은 시시때때로 주님 앞에 엎드려 성령님께서 예수 그리스도의 말씀에 새로운 빛을 비추시게 해야 합니다. 성경 66권에 있는 말씀을 다 안다고 할지라도 그것은 기계적이고 일반적인 말에 불과합니다. 거기에 예수님의 빛이 비추어서 베데스다의 연못물이 동하듯 끓어올라서 새로운 말씀으로 자신의 마음속에 묵시되지 않는 한 목회는 실패하고 맙니다.

    오늘날 어떤 이들은 성도들의 가정에 심방을 갔을 때 묵시가 오지 않으면 자기가 가지고 있는 성경 지식으로 적당히 얼버무리려고 합니다. 그리고는 특별히 은혜가 있는 양합니다. 묵시를 받지 못하면 이러한 사람이 되고 맙니다.

    그럼 어떻게 해야 필요할 때마다 특별한 묵시를 받게 될까요?

    첫째로, 주의 종들이 오랫동안 기도하는 시간을 가져야 합니다.

    반드시 말씀을 읽고 묵상하며 기도하는 시간이 필요합니다. 제가 한 주일에 한 번씩 기도원에 들어가는 이유가 바로 여기에 있습니다. 기도를 하지 않아 하나님과의 대화가 그치면 묵시는 사라집니다. 이러므로 주의 종들은 아무리 바빠도 하나님께 기도하는 시간을 가져야 합니다.

둘째로, 주의 종들은 지치지 않도록 해야 합니다.

주의 종이 너무 피곤하면 묵시가 사라집니다. 그 예로 엘리야를 들 수 있습니다. 열왕기상 18장부터 19장을 보면 이 사실이 잘 나타나 있습니다.

갈멜 산에서 바알 선지자들에게 승리한 후 엘리야는 하나님의 능력을 힘입어 갈멜 산부터 이스르엘까지 왕의 수레를 앞서서 뛰었습니다. 그런데 너무 피곤하고 지친 엘리야에게 이세벨이 "내일 이맘 때면 너를 죽이겠다."는 통지를 보내왔습니다. 너무 지치면 기도가 나오지 않습니다. 이에 혼비백산한 엘리야는 광야로 도망가서 로뎀나무 밑에서 "하나님, 나를 죽여 주옵소서."라고 기도했던 것입니다. 하나님께서는 이러한 엘리야를 어떻게 하셨습니까? 먹이고 재우기를 계속하여 피곤이 풀리게 해 주셨습니다.

이러므로 주의 종들은 하나님의 묵시를 받을 수 없을 정도로 영육 간에 과로하지 않아야 합니다.

셋째로, 생활이 안정되도록 해야 합니다.

가정에 불화가 있고 경제적으로 불안하여 정신적인 고민이 꽉 차 있어서 마음이 가시덤불 같으면 계시가 올 수 없습니다.

주의 종들은 하나님과 교제하는 시간을 가지고, 과로하지 않으며, 세상의 탐욕이나 염려가 들어와서 마음이 혼란한 일이 없도록 해야 합니다. 그리할 때 특별 묵시를 받을 수 있는 것입니다.

우리의 입에서 나오는 말씀에 하나님의 빛이 비추이면 듣는 사람들의 가슴속이 뜨거워집니다. 엠마오로 가는 제자들이 예수님의 말씀을 듣자 마음이 뜨거워졌습니다. 오늘도 예수님께서 우리를 통하여 하시는 말씀은 마음을 뜨겁게 합니다. 그러나 인간의 기교로써 하는 말은 귀만 가렵게 합니다. 이러므로 우리는 우리의 마음에 날카롭게 파고 들어와 심령을 변화시키는 일반 계시 위에 끊임없이 특별 계시를 받으면서 사역하는 목회자들이 되어야 할 것입니다.

성령의 권능과 메시지

우리의 가장 근본적인 사명은 구약의 레위인들이 하나님의 성소를 지키고 수종 든 것처럼 주님을 수종 드는 데 있습니다. 사실 우리가 복음을 증거하는 목적도 하나님을 수종 드는 것입니다. 우리가 영혼을 사랑하고 그 영혼들을 위해서 몸부림치고 애통해하는 것도 하나님을 수종 든 후에 하나님의 마음을 얻고 보니 저절로 생겨나는 것입니다.

하나님의 마음을 얻기 전에는 복음 전도가 안 됩니

다. 인간적인 마음으로는 복음전도가 될 수 없는 것입니다. 그렇기 때문에 우리 신앙생활과 목회생활에 있어 승리의 첫째 비결은 온 힘을 다하여 수종 드는 가운데 하나님 앞에 엎드려서 말씀을 듣고 나가는 것입니다.

역사적으로 보아도 위대한 주의 종들은 다 하나님을 잘 수종 든 사람들이었습니다. 스미스 위글즈워스(Smith Wigglesworth) 같은 사람은 하나님의 권능이 무한히 나타나서 많은 영혼을 구원했지만, 때로 한 영혼도 구원 못하고 권능이 떠나갈 때에는 담요 한 장을 들고 마구간에 들어가서 금식하며 며칠이고 주 앞에 기도하였습니다. 그리하여 주님께서 채워 주신 성령의 영감에 힘입어 복음을 증거했습니다.

오늘날 우리는 사실 너무나 바쁘고 동분서주하다보니 하나님 앞에 엎드려 기다리는 시간이 없습니다. 하나님 앞에 엎드려 오래 기다리며 주의 기름 부음을 받고 주의 이슬을 머리 위에 담뿍 입어서 나와야 합니다.

이와 같은 긴 기다림의 시간이 우리에게는 필요합니

다. 그래서 하나님의 성령의 은혜가 이슬처럼 마음속에 맺어지며, 모든 성경 구절이 황금빛 나는 메시지가 되도록 하여야 됩니다. 그럴 때에는 설교하는 데 조금도 어려움이 없습니다. 그러나 성령의 은혜가 없으면 성경 전체를 들추어 보아도 할 말이 하나도 없습니다. 그런 상황 속에서 말을 해 보았자 말의 능력도, 효과도 없습니다.

이러므로 목회생활에 중요한 것은 메시지에 성령의 권능이 따라야 된다는 것입니다. 예수님께서도 "예루살렘을 떠나지 말고 내게서 들은 바 아버지께서 약속하신 것을 기다리라"(행 1:4)고 말씀했습니다.

예전에 저는 사무엘 에데스타프(Samuel Edestaf) 목사님이 요한복음 3장 16절을 가지고 설교하시겠다고 하는 말을 듣고 실망했습니다. 왜냐하면 그 말씀은 유치부 아이들도 다 외우는 성경 구절이며, 또 우리 교회 교인들은 초신자도 아닌데다 누구든지 알 수 있는 단순한 성경 구절이었기 때문입니다. 그런데 막상 에데스타프 목사님이 설교를 하자마자 우리 교인들은 큰 은혜를 받앉습니다. 거기에 하나님의 권능이 임했던 것입니다. 저는 그 목사님이 "설교는 평범하게 해도 스웨덴에서 교인들이 이 성회를 위해 합심기도를 하기 때문이다."라고 간증한 것을 들었습니다.

정말 그렇습니다. 똑같은 설교라도 성령의 기름이 부어지면 말씀이 황금빛이 나고 새로워지며 인상이 깊어집니다. 그러나 성령의 기름 부음이 없으면 아무리 새로운 말을 해도 가치가 없고 시간이 지루하고 괴롭습니다.

이러므로 여러분, 우리 주의 종들은 심오한 철학이나 법학이나 신학과 같은 학문이 있어서 위대한 종이 되는 것이 아닙니다. 오히려 학문적으로 깊은 사람들이 하나님의 위대한 종이 되지 못합니다. 왜냐하면 그들은 자신의 지식을 하나님보다 더욱 의지하는 나머지 하나님께 기도하지 않기 때문입니다.

대개 학문이 별로 많지 않은 사람이 목숨을 내걸고 주님께 엎드려서 성령의 기름 부음을 받고 큰 권능을 입어서 귀히 쓰이는 주의 종이 되는 것을 많이 봅니다. 그러므로 우리는 학문, 학벌, 가문, 지위, 명예, 물질 등 세상적으로 내세울 것이 별로 많지 않습니다. 오직 우리의 생애가 성령의 기름으로 충만해져서 복음을 전하는, 그래서 하나님의 말씀 한마디 한마디가 나타날 때마다 황금빛을 발하는 촉매가 되어야만 하는 것입니다.

이 촉매라는 것은 참 이상합니다. 화학 반응을 일으킬 때 촉매가 없으면 절대로 반응이 일어나지 않습니다. 예를 들어, 황산(H_2SO_4)은 유황과 수소를 합쳐서 만드는데 은을 넣지 않으면 절대로 황산이 안 됩니다. 그러나 은을 넣으면 황산이 됩니다.

바로 이와 같이 우리는 촉매에 불과합니다. 우리는 예수 그리스도의 십자가에 죽으셨다가 부활하신 역사적 사실에 조금도 안 섞입니다. 하나님의 은혜 속에 우리가 섞이지 않습니다. 그럼에도 불구하고 하나님의 은혜가 사람들의 마음속에 반응을 일으키기 위해서는 하나님의 촉매, 즉 우리 주의 종이 필요한 것입니다.

그런데 다 같은 주의 종이라도 촉매가 나쁘면 똑같은 메시지를 전해도 반응이 다릅니다. 어떤 설교자는 아무리 외쳐도 회개의 반응도, 기적의 반응도 일어나지 않고 시간과 힘만 소모시킵니다. 그러나 어떤 설교자는 똑같은 메시지를 가지고 강단에서 외치자마자 구원의 역사, 성령 충만의 역사, 신유의 역사가 일어납니다. 교인들도 그렇습니다. 같은 교회에서 같은 설교를 듣는 교인들도 각기 촉매가 다르기 때문에 변화받는 것도 각기 다릅니다.

그러면 이제 우리가 어떻게 해야 그러한 촉매가 될 수 있을까요? 먼저 베옷을 입고 하나님 앞에 서야 합니다. 땀내 나는 옷을 입고 서 가지고는 촉매가 안 됩니다. 저도 기도를 안 하면 마음이 갑갑하고 저주의 땀이 들어찹니다. 이렇게 피곤하고 절망적인 직업의식으로 강단에 서서 아무리 외쳐 본들 아무런 촉매 반응이 일어나지 않습니다.

그러나 충분히 하나님 앞에 엎드리고 기다리며 헌신

해서 기도를 드리면 하나님의 성령의 기름 부음이 충만해서 내 전체가 전기로 충전된 듯이 되어 말씀을 전할 때 당장 그곳에 역사가 일어납니다.

그러므로 그날 하루의 성패는 아침에 있습니다. 아침에 일어나서 한 시간씩 주 앞에 엎드려 기다리며 기도하면 그것이 반응을 일으키는 촉매가 됩니다. 자신이 달라지는 것이 아니라 하나님께서 사용하실 촉매가 될 수 있도록 성령으로 도금을 해 주신다는 것입니다.

이 성령의 도금은 하루 쓰고 나면 벗겨지므로 매일매일 새로 도금을 해야 합니다. 매일 아침 일을 시작하기 전에 주님 앞에 엎드리는 시간이 목회자에게는 꼭 필요합니다.

주님께 감사하고, 찬양하고, 말씀을 상고해서 성령으로 도금을 하고 나가면 가는 곳마다 성령의 역사가 일어납니다. 도금이 다 벗어진 인간성을 가지고 형식과 직업의식으로 예배드리는 우리가 되지 않아야겠습니다.

예수 그리스도의 부활

예수 그리스도의 부활에 대한 이론은 분분(紛紛)합니다. 칼 바르트(Karl Barth) 같은 사람은 "예수 그리스도의 부활은 역사적으로 이해하려고 하기보다는 초(超)역사적으로, 종교적으로, 그리고 윤리적으로 이해해야 한다."라고 말하고 있으며, 부르너(Emil Brunner)는 "예수 그리스도의 부활은 실제로 있었던 사건이 아니고 단지 제자들의 마음속에 신앙적으로 부활한 것이다."라고 말하였습니다. 이들의 이론은 그럴듯한 것 같지만 실은 애

매모호한 말로 예수 그리스도의 부활을 완전히 부인하고 있습니다.

우리는 예수님이 십자가에 못 박혀 돌아가셨다가 사흘 만에 다시 살아나심을 확고히 믿습니다. 우리가 예수님의 부활을 믿게 된 것은 단지 예수님의 무덤이 비었기 때문이 아닙니다. 가장 처절한 절망에 처하여 재기불능처럼 보이던 예수님의 제자들이 일어나서 목숨을 바치면서 세계를 복음화한 충격적인 변화 때문입니다.

주님의 부활은 제자들 편에서 만들어 낸 상상의 결과가 아니라, 부활하신 예수님과의 부딪침을 통하여 제자들의 생애 속에 부활의 사상이 주어졌던 것입니다. 죽었던 예수님이 다시 살아나지 않았다면 제자들이 세계를 복음화하는 일은 없었을 것입니다. 사도들의 행적에서 우리는 주님의 부활을 믿는 것입니다.

그리고 우리는 성령 침례로 인하여 주님의 부활을 믿습니다. 왜냐하면 그리스도를 증거하기 위하여 오순절날에 성령님이 이 땅에 강림하셨기 때문입니다. 그리스도가 부활하지 아니하셨으면 성령님도 오시지 않았을 것입니다. 그리스도의 부활의 열매인 성령님이 오늘날 우리 가운데 와 계신 것을 볼 때에 예수 그리스도의 부활은 확실한 것입니다.

세상에는 인간의 기능의 요구를 충족시킬 수 없는 것이 없습니다. 육체적인 면에서 볼 때 시각 기능이 있으니까 보이는 대상이 있고, 청각 기능이 있으니까 눈에 보이지 않는 음파가 있으며, 후각 기능이 있으니까 냄새가 있습니다. 또 사람에게는 사랑하는 기능이 있으니까 사랑할 대상이 있습니다. 이러한 물리적인 것 외에도 인간에게는 정신적인 기능, 지식을 추구하는 기능이 있어 지식의 대상이 있습니다. 정치, 경제, 문학, 철학, 과학, 심리학 등이 그 대상입니다.

이와 같은 기능의 요구 외에도 인간에게는 다른 동물에게 찾을 수 없는 영적인 요구가 있는데 그것이 바로 신앙입니다. 60억에 가까운 인류 가운데 종교를 갖지 않는 사람은 거의 없습니다. 미개한 민족이라도 태양신이나 토신(土神) 등을 섬기는 신앙을 가지고 있습니다. 그러나 동물에게는 물리적 용어나 정신적 용어는 있을지라도 신앙적인 용어는 없습니다. 거의 사람에 가깝다는 침팬지도 신(神)을 섬겼다는 말은 없습니다.

인간이 신앙을 갖게 된 까닭은 인간의 존재 속에 종교적인 원형이 들어 있기 때문입니다. 종교적인 원형은 인간의 영(靈) 속에 있습니다. 동물들에게는 이것이 없기 때문에 신앙을 필요로 하지 않는 것입니다.

인간은 간절하게 신을 찾지만 스스로 신을 만날 수 없습니다. 신이 사람에게 계시(啓示)되어야 합니다. 신은 감각과 정신적인 한계를 초월한 신앙의 대상이기 때문에 인간이 영 속에 묵시를 받기 전에는 신을 발견할 수 없습니다.

인간에게 종교적인 요구가 있는 한 반드시 신이 있으며 인간 영혼의 불멸을 객관적으로 증거할 수 있는 신만이 참신입니다. 사람들은 이 세상에 사는 동안에 도움을 얻기 위하여 신을 필요로 하지만 궁극적인 목적은 죽음 건너편에 대한 요구입니다. 그러므로 영생에 대한 요구를 충족시켜 주기 위하여 죽은 자 가운데서 부활하는 모범을 보여 주지 않은 신은 우리가 진정한 신으로 인정할 수 없습니다. 불교의 석가모니, 힌두교의 신, 헬라의 제신(祭神)을 우리가 참신으로 모시지 않는 이유는 그들이 실제로 죽었다가 부활하지 않은 추상적인 신이기 때문입니다. 만일 기독교의 예수 그리스도가 칼 바르트나 부르너가 말한 것처럼 추상적인 부활을 하였다면 그들과 다름이 없을 것입니다.

예수 그리스도의 부활은 그가 하나님의 아들이시라는 증거가 됩니다. 예수님이 부활하시지 않았다면 예수님의 행하심과 가르치심은 단순한 종교 의식이 될 수밖에 없습니다. 왜냐하면 다른 신들도 병을 고치고 귀신을 쫓아낼 수 있기 때문입니다. 그러나 예수님이 부활하심으로 말미암아 하나님의 아들이라는 사실이 입증되고 그의 가르침이 우리에게 신앙의 교훈이 되는 것입니다.

또한 예수님의 부활은 하나님을 참하나님으로 증명

했습니다. 하나님께서는 예수 그리스도를 죽은 자 가운데서 살리심으로 말미암아 우리에게 구원을 주시는 분으로 입증되었습니다. 그렇기 때문에 우리 기독교는 죽었다가 부활하심으로 말미암아 자신의 행적에 대하여 보증을 하신 하나님을 믿는 것입니다. 우리의 신앙은 부활을 기점으로 하여 과거와 현재와 미래를 해석합니다.

예수님의 부활을 기초로 하지 않는다면 우리의 모든 노력은 다 헛되고 맙니다. 초대 교회 때의 설교를 보십시오. 예수님이 십자가에 못 박혔다는 사실보다는 부활을 강조하고 있습니다. 그 까닭은 예수님의 부활이 하나님과 그리스도에 대한 정의를 내렸기 때문입니다. 예수님이 십자가에 죽었다 할지라도 이 사실만으로는 예수님이 제물이 될 수 없습니다. 예수님이 부활했기 때문에 비로소 그의 죽음은 제물이 될 수 있었습니다.

바울은 설교할 때마다 "그리스도는 부활하셨다."라고 말했습니다. 또한 신약 성경 전반에 걸쳐 예수님의 죽으심과 부활에 대해 말씀하고 있습니다. 이러므로 우리는 복음을 증거할 때 예수님의 부활에 대한 메시지를 빠뜨려서는 안 될 것입니다.

영에 속한 사람

 사람들이 행하는 일체의 행위는 세 가지 형태, 즉 육신과 혼과 영의 형태로 나타납니다. 사람은 한 사람이지만 그 속에 삼위(三位)가 완전히 분리되어서 외모로는 똑같은 존재이면서도 육(肉)이 점령할 때와 혼이 점령할 때와 영이 점령할 때의 행위가 완전히 달라집니다.

 예를 들어, 성경에 있는 '사랑' 하나만 가지고 생각해 보기로 하겠습니다. 사랑도 육적인 사랑, 혼적인 사랑, 영적인 사랑으로 분명하게 나누어집니다.

첫째로, 육적인 사랑은 에로스 사랑입니다.

　이것은 동물적인 사랑으로서, 미천한 짐승들도 자기 새끼에 대해서 그와 같은 사랑을 지니고 있습니다. 육적인 사랑은 생리적이거나 유전적인 자연법칙을 존속시키기 위한 사랑에 불과합니다.

　그런데 사람들은 이런 사랑도 다 사랑이라고 부릅니다. 그러나 그 질과 성품에 있어서는 대단히 다른 의미의 사랑입니다. 그러므로 사람들이 일반적으로 "사랑합니다."라고 말할 때의 사랑은 충동적인 육적인 사랑을 지칭하는 말로 이해하면 될 것입니다.

　　둘째로, 그보다 한 단계 깊은 것이 혼(魂)적인 사랑입니다.

　혼이 지배하는 사랑은 정신적인 사랑 혹은 프라토닉 러브(platonic love)라고 부릅니다. 이론적인 사랑, 이지(理智)적인 사랑이 여기에 속하며 대체로 애국 애족(愛國愛族)의 형태로 나타납니다. 또 정치, 경제, 문화의 학술적이고 예술적인 사랑이 다 여기에 포함됩니다.

혼의 사랑은 이지적이고 이성적이어서 육적인 사랑보다 고상하고 질서가 잡힌 반면, 이기적이며 자기중심적인 바벨탑의 사랑입니다. 혼은 언제나 자기중심, 이해관계, 계산에서 벗어날 수 없기 때문입니다. 그래서 자기에게 손해가 되거나 심한 충격이 다가올 때는 이 사랑이 온데간데 없이 사라지고 다시 육의 사랑으로 전락하고 맙니다.

셋째로, 우리 기독교에서 말하는 영(靈)적인 사랑, 즉 아가페 사랑입니다.

영적인 사랑은 희생적인 사랑, 즉 세상을 사랑하사 독생자를 주신 하나님의 사랑, 우리를 사랑하사 자진하여 자신의 목숨을 내어 놓으신 예수님의 사랑, 넘치는 사랑으로 낮고 천한 우리 속에 와서 거하시고 우리를 붙들어 주시는 성령님의 이타적(利他的)인 사랑을 말합니다.

이와 같이 사랑에는 육적인 사랑, 혼적인 사랑, 영적인 사랑이 있고 각각 다른 특성을 지니고 있습니다. 그러므로 우리가 "사랑합니다."라고 말할 때에는 그 사랑을 세 가지로 분류하여야 합니다. 그런데 오늘날 예수 그리스도를 믿지 않는 사랑의 차원에서는 대부분 육적인 사랑이 아니면 혼적인 사랑에 불과합니다. 오직 예수 그리스도의 사랑만이 영적인 사랑, 즉 남을 구원하기 위해 자신을 희생하는 사랑입니다.

오늘날 하나님을 사랑한다고 하면서도 육적인 사랑이나 혼적인 사랑으로 사랑하는 사람들이 대단히 많습니다. 특히 이런 일들은 이단자(異端者)들 가운데서 많이 찾아볼 수 있습니다. 뿐만 아니라 일반적인 교회에서도 하나님을 사랑한다고 하면서 실제로는 혼적인 사랑을 하는 경우가 대단히 많습니다. 내게 아무 손해가 없고 희생이 없을 때는 사랑하는 척하지만 일단 문제가 생기면 자기를 보호하고 변명하고 이해득실(利害得失)을 따지기 시작합니다. 그래서 교단(敎團) 안에 혼의 사람이 많으면 그 교단은 자주 분열됩니다. 혼의 사람은 자꾸 이론만 따지고, 정치적 선거 운동이나 하고, 권력 투쟁이나 하며, 다른 사람을 잘났다 못났다 따지기 잘하고, 궁극적으로는 자기 이해 상관에 따라 일을 처리해 나가기 때문입니다.

하나님은 교회에서 혼의 냄새가 나는 것을 대단히 싫어하십니다. 그래서 하나님의 성령께서는 육을 소멸시키시고 혼을 깨뜨리시는 것입니다. 성경에는 '너희 몸을 하나님이 기뻐하시는 거룩한 산 제물로 드리라 이는 너희가 드릴 영적 예배니라"(롬 12:1)고 기록되어 있습니다. 하나님께서는 철두철미 육체가 죽기를 원하십니다.

아가페 사랑은 내 자신을 희생 제물로 하나님께 내어 놓는 사랑입니다. 이렇게 사랑하기 위해서는 육체가 죽임을 당하고 혼이 정복을 당하여 영 앞에 복종해야 합니다. 혼은 태어날 때부터 종으로 태어났지 주인으로 태어나지 않았습니다. 주인이 없는 틈에 잠시 주인 행세를 했을 뿐입니다. 그럼에도 불구하고 종이 끝까지 주인 행세를 하겠다면 그곳에는 질서가 무너지고 혼란이 다가오는 것입니다.

육에 속한 사람은 언제나 세속적입니다. 육에 속한 신자는 자꾸만 육신의 정욕과 안목의 정욕과 이생의 자랑에 끌려 다닙니다. 그렇기 때문에 육에 속한 사람은 제일 믿을 수 없습니다.

혼에 속한 신자는 감정적입니다. 혼은 인간 중심적이기 때문에 신앙생활에 있어 하루는 하늘을 찌를 듯이 "할렐루야!"를 외치다가도 그 이튿날은 감각에 의존하여 실망한 까닭에 땅속으로 꺼져 들어갑니다. 이와 같이 혼에 속한 신자는 감각과 환경의 종이 되어 사는 것입니다.

그러나 영에 속한 신자는 완전히 하나님의 말씀에 서서 하나님만 바라보기 때문에 환경이 아무리 요동을 쳐도 변함이 없습니다. 성경은 "그는 흉한 소식을 두려워하지 아니함이여 야훼를 의뢰하고 그의 마음을 굳게 정하였도다"(시 112:7)라고 말씀합니다. 이와 같이 하나님을 영으로 사랑하는 사람은 환경에 추호도 요동하지 않고 하나님만 의뢰하기로 그 마음을 굳게 정한 사람입니다. 이런 신앙을 주시기 위해 하나님께서는 우리의 육체를 죽이고 혼을 깨뜨리는 훈련을 끊임없이 하시는 것입니다.

우리가 한 사람의 하루를 세밀하게 관찰하여 보면 하루에도 세 가지 형태로 변하는 모습을 발견할 수 있습니다. 시시때때로 육의 사람이 되었다가 혼의 사람이 되었다가 영의 사람이 되기도 합니다.

또 한 사람이 말을 하는데도 세 가지 서로 다른 말을 합니다. 육의 탐욕스런 말을 하다가 혼의 이론적인 말을 하다가 영의 성스러운 말을 합니다. 이것은 자기 자신도 어떻게 할 수 없는 일입니다. 그렇기 때문에 사람은 자기 자신도 못 믿게 되는 것입니다.

그러나 그 사람의 일상생활을 볼 때 육이나 혼보다 영에 더 많이 속한 사람이 있습니다. 하루 24시간 중에 더 많은 시간을 영에 점령되어 사는 사람, 더 많이 기도하고 더 겸허하며 더 믿음이 깊은 사람, 그런 사람을 우리는 영에 속한 사람이라고 부를 수 있습니다. 이런 사람이 있는 곳에는 하나님의 성령이 하나 되게 하는 역사를 하셔서 모두가 단결하여 선하게 일을 할 수 있습니다.

예수 그리스도를 믿었다고 해서 다 온전하게 되는 것은 아닙니다. 성전 뜰에서 사는 사람과 성소(聖所)에서 사는 사람과 지성소(至聖所)에서 사는 사람은 완전히 다릅니다.

그러므로 우리는 어찌하든지 육을 죽이고 혼을 깨뜨리고 영을 살리는 훈련을 하여야 합니다. 교인들을 가르칠 때도 어찌하든지 영에 속한 사람이 되도록 가르쳐야 됩니다. 목회자들이 인간의 지식을 중심으로 가르치면 혼에 속한 사람으로 양육될 수 있습니다. 성경은 분명히 "의인은 그의 믿음으로 말미암아 살리라"(합 2:4)고 말씀했습니다.

하나님을 믿고 하나님을 사랑하고 하나님의 소망을 주는 훈련, 정욕을 죽이고 자아를 굴복시키는 훈련을 통하여 우리 자신과 우리 성도들을 영에 속한 사람으로 만들어 내야 할 것입니다.

예비하시는 하나님

하나님께서는 언제나 당신의 백성을 위해서 모든 것을 준비하고 계십니다. 하나님께서는 결코 예비함이 없이 주의 백성들을 한 곳으로 몰아치는 법이 없습니다.

창조의 원리를 보더라도 하나님께서는 먼저 에덴동산을 지으신 다음 아담과 하와를 지으셨습니다. 그리고 장차 택한 백성들을 인도하실 때에도 미리 새 하늘과 새 땅 그리고 새 예루살렘을 지으신 다음에 불러 가신다고 했습니다.

출애굽기를 보면, 하나님께서는 이스라엘 백성들을 위하여 가나안 복지를 예비하시고 구름기둥과 불기둥으로 그들을 인도하셨습니다. 오늘날 우리가 구원받는 것도 우리 행위가 준비되었기 때문이 아닙니다. 하나님께서 예수 그리스도를 십자가에 못박아 물과 피를 쏟으심으로 값없이 구원을 예비해 두셨기 때문입니다.

이러므로 우리 하나님은 '예비하시는 하나님'이란 칭호를 받으시기에 합당하십니다. 예수님께서는 "그러므로 염려하여 이르기를 무엇을 먹을까 무엇을 마실까 무엇을 입을까 하지 말라 이는 다 이방인들이 구하는 것이라 너희 하늘 아버지께서 이 모든 것이 너희에게 있어야 할 줄을 아시느니라"(마 6:31-32)고 말씀해 주셨습니다. 하나님은 아실 뿐만 아니라 준비하시는 분입니다.

그런데 하나님께서 다 준비하고 예비하여 놓으셨음에도 불구하고 왜 아담과 하와는 에덴동산에서 쫓겨났으며, 이스라엘 백성들은 가나안 복지에 곧장 들어가지 못하고 왜 광야에서 40년을 허송했을까요? 그리고 마지막 새 하늘과 새 땅에 왜 모든 인류가 다 들어갈 수 없을까요? 히브리서 3장 16절부터 19절에 그 해답이 기록되어 있습니다.

"듣고 격노하시게 하던 자가 누구냐 모세를 따라 애굽에서 나온 모든 사람이 아니냐 또 하나님이 사십 년 동안 누구에게 노하셨느냐 그들의 시체가 광야에 엎드러진 범죄한 자들에게가 아니냐 또 하나님이 누구에게 맹세하사 그의 안식에 들어오지 못하리라 하셨느냐 곧 순종하지 아니하던 자들에게가 아니냐 이로 보건대 그들이 믿지 아니하므로 능히 들어가지 못한 것이라".

첫째로, 하나님께서 예비하신 축복을 받지 못한 이유는 '불신앙'에 있습니다.

이스라엘 백성들은 사사건건 하나님이 예비하신 일을 불신앙했습니다. 홍해 해변에서도 그들은 하나님을 향하여 "우리를 여기서 죽이려 하느냐?"고 고함치며 불신앙했습니다. 므리바의 물가에서도 불신앙했습니다 광야에서도 하나님께 불신앙했습니다.

그들은 처처에서 하나님을 불성실한 인간처럼 취급하고 불신앙했습니다. 그런데 하나님께서 제일 미워하시는 것이 바로 하나님의 성실성을 의심하는 태도입니다. 그래서 이스라엘의 불신앙에 하나님께서 격노하셨던 것입니다.

하나님께서 아브라함을 의롭게 여기실 때에 아브라함의 행위가 의로웠기 때문이 아닙니다. 아브라함은 결점투성이 인간이었습니다. 그럼에도 불구하고 하나님께서 그의 믿음을 보시고 의롭게 여기셨던 것입니다. 그래서 하박국 2장 4절에 "의인은 그의 믿음으로 말미암아 살리라"고 기록하고 있는 것입니다.

둘째로, 하나님의 예비하심에 들어가지 못하는 이유는 '불순종' 때문입니다.

불순종은 언제나 불신앙을 뒤따라옵니다. 하나님의 안식에 들어오지 못하는 자는 바로 순종하지 않는 자입니다.

하나님의 말씀이 믿어지지 않으면 그다음에는 자연적으로 내 생각대로 믿고 내 생각대로 행하기 시작합니다. 아담과 하와도 하나님께서 하신 말씀을 믿지 않았기 때문에 불순종하였습니다. 이스라엘 백성들도 하나님의 말씀을 믿지 않았기 때문에 불순종하여 애굽으로 돌아가자고 수차 머리를 돌렸으며 그 결과 파멸에 이르러 광야에서 죽어 갔습니다.

오늘날 우리는 여기에서 중대한 교훈을 배워야 합니다. 하나님께서는 우리를 위하여 새 하늘과 새 땅을 예비하여 놓으셨습니다. 그리고 그 새 하늘과 새 땅에 이르는 모든 과정에서 우리가 살아갈 일체의 것들을 다 예비해 두셨습니다. 하나님께서는 우리의 머리털까지도 세시는 분입니다. 그 안에는 예비되지 않은 일들이 하나도 없습니다. 그렇기 때문에 우리가 이 세상에서 먹고 마시고 입는 것은 새 하늘과 새 땅을 향해 떠나는 여비(旅費)라고 할 수 있습니다. 여비 없이 어떻게 길을 떠날 수 있습니까? 그러므로 이러한 문제들은 하나님께서 전적으로 예비하여 놓으셨다는 사실을 우리는 확실히 믿어야 할 것입니다.

우리가 이 예비하심을 실제로 누리기 위해서 해야 할 일은 '순종'뿐입니다. 고린도전서 2장 9절부터 10절에 다음과 같이 기록되어 있습니다.

"하나님이 자기를 사랑하는 자들을 위하여 예비하신 모든 것은 눈으로 보지 못하고 귀로 듣지 못하고 사람의 마음으로 생각하지도 못하였다 함과 같으니라 오직 하나님이 성령으로 이것을 우리에게 보이셨으니 성령은 모든 것 곧 하나님의 깊은 것까지도 통달하시느니라".

성령의 인도를 따라 살지 아니하고는 하나님께서 예비한 것을 우리가 알 수 없습니다. 하나님께서 예비해 두시고 또 우리가 믿는다 할지라도 구름기둥과 불기둥의 인도를 받아야지, 내 마음대로 간다고 되는 것이 아닙니다. 이스라엘 백성이 광야를 지날 때도 구름기둥과 불기둥이 서 있는 곳에 만나가 떨어졌고 그 기둥에 덮힌 반석을 칠 때 물이 터져 나왔습니다.

이러므로 하나님의 예비하신 것을 믿었으면, 그다음에는 성령의 인도하심을 받아야만 합니다. 우리는 이미 하나님의 아들들이고 성령의 인도를 받을 자격이 있습니다(갈 4:1-7).

성령의 인도하심을 받기 위해서 우리는 하나님의 말씀을 부지런히 공부하고 기도하는 생활을 계속해야 합니다. 많은 성도들이 하나님의 예비하심을 알고 또 하나님을 굳게 믿는데도 불구하고 이 땅에서 실패하는 까닭은, 그들이 하나님 앞에 기도하는 중에 성령의 인도하심을 받지 않았거나 하나님께서 원하시지 않는 곳으로 자기 뜻대로 걸어갔기 때문입니다.

그러므로 우리는 매일매일의 생활 중에 지극히 작은 일부터 큰일까지 성령의 음성에 귀를 기울여야 합니다. 성령의 음성은 우리 마음의 진동판(振動板)에 언제나 평안을 심어 줍니다. 그러나 마귀는 언제나 불안을 심어 줍니다. 그러므로 어떤 일이 있어도 마음에 불안한 일은 절대로 하지 마십시오. 불안한 일에 발을 딛으면 종국적으로 마귀의 올무에 걸려 한 차례 심한 진통을 겪게 될 것입니다.

그러나 하나님의 성령께서 인도하는 곳에는 평안이 있습니다. 어딘지 모르게 마음속 깊은 곳에서 기쁨이 솟아오르고 푸른 등불이 켜집니다.

머리로 아무리 생각하고 이성으로 아무리 생각하여도, 그래서 모든 것이 다 합리적으로 보일지라도, 우리가 기도하고 난 후에 마음에 평안이 없으면 그만두어야 합니다. 그 길로 가면 하나님의 예비하심을 볼 수 없기 때문입니다.

그러나 우리가 하나님의 예비하심을 믿고 평안의 사자의 인도를 받아 나가면 가는 곳마다 하나님께서 준비해 놓으신 축복을 만나게 될 것입니다. 믿음과 순종 그리고 성령의 인도하심, 이 세 가지가 우리를 축복의 땅으로 인도한다는 사실을 기억하시기 바랍니다.

기도론(3)

1. 기도를 오래 하려면

일반적으로 대부분의 기독교인들이 하루 평균 30분 내지 1시간 정도의 기도 시간을 갖고 있다. 현대인들은 시간에 쫓기며 살기 때문에 그들이 간구한 기도에 대한 응답 역시 즉각적으로 오기를 기대한다. 그러나 기도는 훈련이며, 많이 기도하려면 그만큼 많은 기도 훈련을 쌓아야 한다.

무엇보다도 기도하기 전에 내가 기도할 내용들을 구체적으로 결정해야 한다. 막연하게 기도하기 시작하면 무엇을 기도해야 할지 몰라서 중언부언하게 될 수 있다.

새벽에는 먼저 감사 기도와 찬송을 드린 후, 개인적인 문제뿐 아니라 가정과 교회, 나라와 민족, 주의 종들과 선교사들, 자신이 생각하고 있는 여러 가지 문제들을 위해서 기도하는 것이 바람직하다. 밤에 자기 전에는 하루 종일 나를 이 모양 저 모양으로 인도해 주신 주님의 신실하신 은혜를 감사하는 기도를 하며, 실수했거나 범죄한 일이 있다면 회개하고 더 많은 은혜와 지혜를 구하는 기도를 드리도록 한다.

2. 방언기도

사도 바울은 자신이 어느 누구보다도 방언으로 더 많이 기도하는 것에 대해서 자랑하였다. 방언기도가 어떤 유익이 있기에 바울은 그처럼 방언기도를 많이 했는가? 방언기도는 다음과 같은 유익이 있다.

1) 우리가 빌 바를 알지 못할 때 방언으로 기도할 수 있다(롬 8:26).
2) 우리는 세상에서 신앙생활을 하면서 우리의 영과 육이 자주 더럽혀지므로 내적 갈등이 따르게 된다.

그러나 우리가 영적으로 성장하게 되면 방언기도를 통해 육의 유혹을 더욱 잘 이길 수 있다(갈 5:16).
3) 성령께서 주시는 새로운 힘을 얻고 보호받기를 원할 때 우리는 방언으로 기도할 수 있다.

3. 하나님의 음성을 들으려면

기도는 독백이 아니라 대화이다. 그러므로 효과적인 기도를 하려면 간구하는 만큼 하나님의 음성을 들어야 한다. 성경 말씀을 통해서든지 성령의 인도를 통해서든지, 여하튼 하나님의 음성을 들을 줄 아는 것이 필요하다.

1) 하나님의 음성을 듣기 위해서는 무엇보다도 하나님께 향한 회개와 겸손의 자세를 가져야 한다.
2) 하나님의 말씀을 듣기 위해서 필요한 또 한 가지는 '듣는 귀'를 갖는 것이다(눅 9:44). 그러면 어떻게 해야 '듣는 귀'를 가질 수 있는가? 그것은 하나님의 뜻을 깨달으면 즉시 순종하는 자세를 가질 때 가능하다.
3) 하나님의 말씀과 마귀의 말을 분별할 줄 아는 영의

눈이 밝아야 한다. 하나님의 말씀은 우리의 감정으로 전해지는 것이 아니라, 우리의 이성 가운데로 전해진다. 그러므로 우리는 하나님의 음성을 들을 때 그것을 성경 말씀에 비추어 보아서 정말 하나님에게서 온 것인지, 아니면 마귀에게서 온 것인지 분별해야 한다(딤후 2:15).

4. 합심기도의 중요성

두세 사람의 그리스도인이 모여서 한마음으로 드리는 합심기도는 하나님의 놀라운 능력이 일어나도록 역사하는 힘이 있다(마 18:19-20).

1) 합심기도는 불신앙의 벽을 무너뜨린다.
2) 합심기도는 신속한 하나님의 응답을 가져온다.
3) 합심기도는 마귀의 세력을 쉽게 물리치게 한다(신 32:30).